Madres Narcisistas

Sanando a las hijas víctimas de madres narcisistas a través de una guía sobre cómo reconocer el narcisismo, alejarse de la madre narcisista y comenzar un viaje de autocuración

Escrito por
Lea Heal

derivado de varias fuentes. Consulte a un profesional con licencia antes de intentar cualquier técnica descrita en este libro. Al leer este documento, el lector acepta que bajo ninguna circunstancia el autor es responsable de las pérdidas, directas o indirectas, que se incurran como resultado del uso de la información contenida en este documento, incluidos, entre otros, errores, omisiones o inexactitudes.

Tabla de Contenido

Introducción

Introducción

Felicidades por comprar *Madres Narcisistas: Sanando a las Hijas Víctimas de Madres Narcisistas a través de una Guía sobre Cómo Reconocer el Narcisismo, alejarse de la madre Narcisista y Comenzar un Viaje de Auto-sanación,* y gracias por hacerlo. Este libro analiza una de las condiciones más ignoradas que ha afectado en gran medida a las personas, especialmente a las hijas de todo el mundo. Comprar este libro es el primer paso que puedes tomar para hacer algo al respecto. Sin embargo, el primer paso es siempre el más fácil, por lo que la información que encontrarás en los siguientes capítulos es tan importante que debe tomarse en serio, ya que son conceptos que vale la pena aprender y practicar.

Los siguientes capítulos describen las condiciones del narcisismo entre las madres haciéndolo comprensible y soportable. Se te guiará sobre cómo tomar medidas directas y hacer una recuperación sustancial, especialmente si has experimentado una maternidad narcisista.

Encontrarás instancias de la vida real que se relacionan con tus situaciones y experiencias. El patrón egocéntrico de las madres narcisistas las hace arrogantes y carecen de la compasión y el respeto por otras personas. Por lo tanto, necesitarás un análisis en profundidad de los problemas que surgen de la experiencia y cómo vivir positivamente después de eso.

Con este libro, aprenderás todo lo que necesitas saber sobre cómo liberarse de las madres narcisistas y la curación de tales efectos. De igual manera, encontrarás respuestas a algunas de las preguntas que te resultan difícil como "¿Dónde está papá?". Aprenderás sobre ti y cómo interactuar con una madre narcisista sin arruinar la relación madre-hija.

Finalmente, te darás cuenta de que el tratamiento para las madres narcisistas es posible, accesible y eficiente. De hecho, podría ser tu primer gran paso para terminar con el legado de narcisismo en tu familia.

Hay muchos libros sobre este tema en el mercado, ¡gracias de nuevo por elegir este! Se hizo todo lo posible para garantizar que esté lleno de tanta información útil como sea posible; ¡Así que disfrútalo!

Capítulo 1

Capítulo 1: Trastorno de personalidad narcisista

¿Tu madre es demasiado exigente y busca atención y admiración constante pero no considera tus sentimientos y necesidades de la misma manera? ¿Ella siempre se considera más importante que los demás y que debe ser tratada de manera diferente? ¿Alguien que siempre expresa aires de superioridad, reparte insultos y sale volando cada vez que surge un pequeño indicio de crítica o desacuerdo? Si es así, lo más probable es que se trate de un narcisista. La palabra narcisista simplemente significa ser egoísta, obsesión por uno mismo y ser extremadamente egocéntrico. En psicología, un narcisista se define como alguien que está enamorado de la imagen irreal y magnífica de sí mismo. La evidencia muestra que mantienen esta imagen egocéntrica, ya que les permite evadir sus profundos sentimientos de inseguridad. Sin embargo, mantener este engaño es un complejo y requiere muchos esfuerzos, y aquí es donde entran en juego los comportamientos y actitudes narcisistas.

¿Que es un trastorno de personalidad narcisista?

El trastorno narcisista de la personalidad (TPN) implica una autoimagen distorsionada. Alguien que experimente el trastorno siempre experimentará emociones inestables e intensas, preocupación excesiva por el poder, prestigio, vanidad y adecuación personal, un sentido exagerado de superioridad y falta de empatía. En la mayoría de los casos, las personas con TPN tienen un rasgo de personalidad en el que piensan que sus opiniones e intereses son lo único que importa. Por lo tanto, las personas con dicho trastorno tienen poco o ningún interés en cómo se sienten demás personas. Apenas aprecian o tienen sentimientos por los que no son los suyos. Muestran un nivel extremadamente alto de importancia personal, una intensa preocupación de sí mismos y una completa falta de empatía por los demás.

Las víctimas de TPN muestran un patrón exagerado de falta de consideración hacia otras personas y tienen un comportamiento y pensamiento arrogante. A menudo se les considera exigentes, condescendientes, egoístas, manipuladores y engreídos. Sus comportamientos y pensamientos surgen de todos los aspectos de su vida, desde las relaciones amorosas hasta sus amistades con compañeros de trabajo y familiares. Vale la pena señalar que las personas con TPN apenas pueden cambiar su comportamiento. Resisten en gran medida los cambios en sus comportamientos, incluso cuando puede causarles problemas. En la mayoría de los casos, culpan a otros por sus propios errores. Son muy sensibles y responden mal y con violencia incluso en los más mínimos desacuerdos, críticas o desavenencias percibidas, y a menudo consideran esto como un ataque personal. Por ejemplo, un narcisista preferiría aferrarse a su exigencia de evadir la ira y la indiferencia.

Signos y Síntomas del trastorno de personalidad narcisista

Grandioso sentido de la importancia personal: La grandiosidad es una de las principales características centrales del narcisismo y puede definirse como el sentimiento idealista de supremacía. Los narcisistas tienen una falsa noción de que son extraordinarios en cierta forma y que sólo otras personas especiales son capaces de entenderlos. Asimismo, creen que son perfectos en algo más que la gente común o promedio. Por consiguiente, quieren estar conectados con cosas, lugares o personas de alto estatus. Como tal, piensan que son más perfectos que cualquiera y requieren de constante reconocimiento y admiración. En su mayoría, expresan abiertamente mentiras y exageran sus talentos y logros. Por ejemplo, cuando están discutiendo algo como de una relación, se evidencia cómo se jactan de cuán geniales son, cuánto contribuyen y la suerte tienen sus familiares.

Un mundo de fantasía que apoya su grandeza y sus delirios: Dado que tienen un concepto exagerado de sí mismos que no está respaldado por la realidad, tienden a vivir en un mundo de fantasía reforzado por el pensamiento mágico, el autoengaño y la distorsión. Se jactan de las ilusiones de auto glorificación sobre su amor ideal infinito, atractivo, inteligencia, poder y éxito que los hace sentir especiales y de tener el control. Las ficciones los cubren de sentir vergüenza y vacío interior donde las opiniones y hechos que los contradicen son racionalizados o ignorados. Cualquier intento que amenace su fantasía se enfrenta a una ira y una actitud defensiva extrema, y las personas que los rodean siempre aprenden a acercarse con cuidado a su negación de la realidad.

Los narcisistas también requieren elogios y admiración incesante. Una persona narcisista tiene un sentimiento de superioridad que parece un globo que pierde aire instantáneamente en ausencia de el reconocimiento o aplausos. Para ellos, el elogio aleatorio no es suficiente y ello constantemente tienen que alimentar su ego. Como resultado, se aseguran de estar rodeados de personas que se adhieran a sus reglas y no cuestionen nada sobre la relación desigual, es decir, es siempre lo que la otra persona hará por la persona narcisista y nunca al revés. Si, por ejemplo, el admirador no trata al narcisista con elogios y atención, entonces el narcisista lo trata como una traición.

Un narcisista siempre siente una sensación de derecho: Basado en su creencia de ser especial, esperan una conducta prometedora como debida. Saben en sus mentes que deberían obtener lo que quieren. Creen que todos a su alrededor deben cumplir automáticamente con sus caprichos y deseos, ya que piensan que ese es su único valor. Cada vez que alguien no cumple con sus necesidades, lo consideran inútil. Si alguien trata de desafiar su voluntad pidiendo algo egoístamente, entonces debes estar preparada para el hombre frío, la indignación y la agresión.

Los narcisistas también explotan a otros sin sentir vergüenza o culpa. No toman en consideración los sentimientos de los demás no muestran más que su falta de empatía. Desde su propia percepción, las personas en sus vidas son solo objetos que deberían servirles. Como resultado, no consideran las consecuencias de usar a otros para su propio beneficio. En la mayoría de los casos, la explotación interpersonal emerge como maliciosa. Los narcisistas tienen menos sentido sobre si sus decisiones afectan a otros e incluso si se lo explicas, aún no lo entenderán. Lo que está claro para ellos es cualquier cosa que tenga que ver con sus propias necesidades.

Por último, los narcisistas con frecuencia minimizan a los acosadores, intimidan y menosprecian a los demás: Una persona narcisista se siente amenazada y asustada cada vez que conoce a alguien que tiene algo que este le falta. También amenazan a las personas que parecen desafiarlos o no los reconocen. Como consecuencia, la única forma de tratar de estas personas es señalarles y amenazarles sobre su propio ego caído. Siempre lo hacen de una manera despectiva y condescendiente para hacer que las otras personas se sientan inútiles y deprimidas. Atacan con amenazas, intimidación, insultos e insultos que obligan a la otra persona a retroceder.

¿Quién es una madre narcisista?

Nuestra madre nos presenta la vida y a nosotros mismos, y nos ofrece seguridad y todo lo que necesitamos. Su protección, sonrisa, tacto y sustento emocional y físico son lo que naturalmente anhelamos. Su reflexión empática hacia nuestras necesidades, deseos y sentimientos nos ilumina sobre quiénes somos realmente y el valor que tenemos. No obstante, esto es poco probable con una madre narcisista. Ella simplemente no considera los daños que puede causar al desarrollo psicológico saludable de sus hijos. Una madre narcisista no cree que sus hijos sean dignos de su amor.

La madre narcisista implica casi todos los rasgos especificados para TPN. Sin embargo, como las madres, también tienen otros trucos, especialmente para sus hijos. Las madres narcisistas se pueden dividir en dos grandes categorías: 1.) Madres que rara vez notan a sus hijas y, desde luego, descuidadas y 2.) Madres que no respetan los límites existentes entre ellas y sus hijas, las cuales pueden ser dañinas y disfuncionales. Un truco importante común con casi todas las madres narcisistas es que a menudo son agradables. Esta es una de las armas más confusas que utilizan para manipular a su audiencia. Es a través de esta amabilidad que tienen algunas condiciones. Los padres normales entienden bastante bien que sus hijos son una extensión narcisista de sí mismos. Prestan menos atención a esto porque el objetivo principal de criar niños sanos es que se realicen ellos mismos. Lamentablemente, no todos los niños tienen la oportunidad de crecer y ser ellos mismos.

Hijas de madres narcisistas

Las hijas de las madres narcisista crecen bajo una amenazante sombra femenina. Las dos características principales de esta educación explotadora el completo control y la falta de empatía. La madre está tratando activamente de duplicarse en su hija, lo que significa que está proyectando sus inseguridades y su ego en ella. La atención se caracteriza por sufrimiento, dependencia y abnegación. Sus hijas siempre se hacen preguntas como "¿alguna vez seré lo suficientemente buena para mi madre?". No obstante, nunca obtienen una solución para esto y siempre terminan concluyendo que sus madres no poseían ningún instinto maternos. El narcisismo es complejo y dañino, ya que trata de borrar y aplastar cualquier intento de independencia por parte de sus hijas.

Crecer bajo madres narcisistas puede ser complicado. Las madres tienden a proyectarse en sus hijas convirtiéndolas en un lienzo en blanco para su ego. Sin embargo, todavía perciben a sus hijas como una amenaza y piensan que si tienen la oportunidad, pueden superarlas. No importa en qué términos, ya sea independencia, resolución, inteligencia o incluso belleza.

Por lo tanto, a sus hijas les resulta agotador y complicado mantener una relación con su madre narcisista. Se pierden la empatía maternal de sus propias madres. Muchas veces, la madre narcisista establece una disciplina implacable para sus hijas. Son más consideradas en cómo el mundo ve a su hija en lugar de entender lo que necesita, lo que quiere o cómo se siente. Como resultado, borran las emociones de su hija a través de la crítica o la indiferencia. Por lo que, crecen con impotencia, baja autoestima y autoestima y buscarán la aprobación de su madre cada vez que tengan que tomar una decisión.

No caigas en la fantasía

En su mayoría, los narcisistas son siempre encantadores y magnéticos. Son perfectos para crear una imagen halagadora y fantástica para atraernos. Eventualmente, la mayoría caemos en sus sueños y confianza, lo que significa que la medida en que su seducción sacude nuestra autoestima determina la medida en que nos sentimos atraídos. Obviamente, el estar atrapado en la red de narcisistas con la esperanza de que nos sintamos más vivos e importantes, lamentablemente, es solo una fantasía, y además costosa. De cualquier manera, debes tener en cuenta que ninguna de estas necesidades será reconocida o incluso satisfecha. Los narcisistas nunca necesitan socios, sino que siempre buscan admiradores obedientes. Para un narcisista, su función principal es ser alabados por lo grandiosos que son para mantener su ego fuerte.

Al narcisista no le importan tus sentimientos o deseos, y en la mayoría de los casos, ni siquiera quieren saber al respecto porque son egocéntricos. Tienes que estar atenta a cómo un narcisista trata a los demás. Si ella no respeta, lastima, miente y manipula a otros, entonces tú no serás una excepción y seras tratada de la misma manera. Nunca caigas en la fantasía de que tu caso será diferente y que ella podría evitarte. Además de esto, vale la pena percibir a la persona narcisista por lo que es y no por lo que se espera que sea. Evitan dar explicaciones sobre su conducta irritante o niegan cómo te duele su comportamiento. De hecho, los narcisistas son muy resistentes al cambio, lo que significa que darles la bienvenida a tu vida es darles la bienvenida al comportamiento y las acciones que pueden observar de ellos. Fija tus ojos y enfócate en tus sueños en lugar de desperdiciar ilusiones en los narcisistas. Dirige tu objetivo en las cosas que deseas lograr por ti misma y enfrente los cambios que deseas para mejorar tu vida.

¿Hay algo que puedas hacer?

Crea limited saludables: La base de cualquier relación sana es el cuidado mutuo y el respeto. No obstante, con un narcisista, es un caso diferente. Los narcisistas no pueden mantener una verdadera reciprocidad con sus amigos y no porque eso sea lo que quieren, sino porque eso es lo que realmente son y apenas pueden cambiar. Simplemente no pueden escucharte ni verte. Difícilmente pueden diferenciarte como una persona que está fuera de su círculo de necesidades personales. Como consecuencia, violan regularmente los límites establecidos por otros siguiendo su absurdo sentido de derecho. Por otra parte, el narcisista nunca busca tu permiso para acceder a tu privacidad personal, fisgoneará en tu correspondencia personal o por correo, te dará consejos y opiniones innecesarias, te robará tus ideas, escuchará conversaciones o tomará tus pertenencias sin tu consentimiento. Siguen diciéndote lo que sienten y piensan. La única forma de evitar estas violaciones es reconociendo quiénes son realmente y estableciendo límites más saludables donde se respeten tus necesidades y tu privacidad.

Aunque se puede lograr, establecer límites saludables entre una persona narcisista y tu, no siempre es una tarea fácil, especialmente si la persona es un familiar cercano como una madre. Este primer paso es diseñar una estrategia. Existe una larga variedad de personas que violan tus límites, entonces cambiar esto y llevar las cosas a la normalidad no será fácil. Identifica todos los límites y obstáculos potenciales que contará para que alcances el éxito. Hazte preguntas como: ¿Hay algunas cosas que probé con el narcisista que funcionó? ¿Cuáles son las mejores estrategias para hacer alcanzar los límites? ¿Cuál es el equilibrio de poder entre la persona narcisista y yo, y cómo influirá esto en mi plan? Al responder estas preguntas, estarás en condiciones de equilibrar tus opciones y establecer un plan alcanzable y realista

En segundo lugar, será lógico considerar un enfoque amable. Considera la importancia de tu relación con el narcisista y usa un enfoque suave y razonable. Evita señalar directamente su comportamiento disfuncional e hiriente, ya que esto destruirá su autoimagen de precisión. Comunique tus mensajes de manera amable, cortés, tranquila y amigable. Considera cómo te hacen sentir con su comportamiento en lugar de tus intenciones y motivaciones. Dado que hay muchas posibilidades de enfrentarte a la defensiva y la ira, lo correcto sería tratar de mantener la calma y retomar la conversación más tarde.

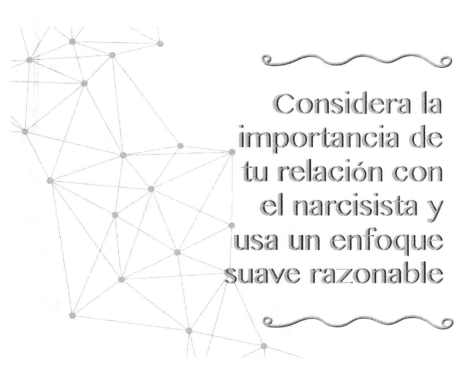

Considera la importancia de tu relación con el narcisista y usa un enfoque suave razonable

Tercero, evita establecer límites a menos que estés lista para mantenerlos. El narcisista podría optar por ser rebelde a los nuevos límites que establezcas para examinar tus restricciones, y en este caso, debes estar preparada. Adhiérete a las consecuencias especificadas porque una vez que retrocedes en esta etapa, nunca será tomado en serio. También debes estar lista para otros cambios que ocurrirán en la relación después de establecer el límite. Lo más probable es que el narcisista se enoje y amenace después de tu acción para tomar el control de tu vida. Como venganza, podrían establecer sus demandas en otros aspectos de la relación, manipularte para que renuncies a tus límites recién establecidos, o incluso mantenerse a distancia de ti. Por lo tanto, depende de ti ser coherente con tu decisión

No tomes las cosas demasiado personales

Los narcisistas siempre niegan sus errores, crueldades y defectos para protegerse de sentir vergüenza o inferioridad. Lo logran al proyectar sus propios defectos a quienes los rodean. Esto puede ser muy molesto que te culpen por algo que no hiciste o que te clasifiquen con rasgos negativos que ni siquiera posees. No obstante, no importa cuán difícil sea la situación, nunca lo tomes como algo personal porque realmente no se trata de ti. Intenta evitar recurrir a la forma narcisista de ti misma. Los narcisistas existen en un mundo de fantasía y no se basan la realidad. Teniendo esto en cuenta, no debes dejar que la culpa y vergüenza quebrante tu autoestima al resistirte a sus críticas, culpa y responsabilidad inmerecida. El narcisista debe ser el que mantiene la negatividad y nunca tú.

Además, evita discutir con un narcisista. Cuando te enfrentas, el primer paso es protegerte y mostrarle a la persona narcisista que no eres tú quien está equivocada. Por lo que, el éxito de esto sería muy desafiante ya que la persona rara vez escuchará y el argumento puede terminar de una manera muy desagradable. En lugar de una discusión interminable, simplemente deja que la persona narcisista siga adelante. Por otra parte, entiéndete a ti misma. Esto lo protegerá de las proyecciones e insultos del narcisista. Cuando se comprenda mejor, examina tus fortalezas y debilidades, y luego será más fácil rechazar el trato injusto dirigido hacia ti. Finalmente, es importante dejar de lado la necesidad de aprobación separándose de la visión del narcisista y cualquier esfuerzo por deleitarlos a su propio costo.

Busca apoyo y propósito en otro lugar

Tener una relación con un narcisista requerirá que seas realista con tus expectativas y lo que no puedes anticipar. Un narcisista no se convertirá simplemente en otra versión que te valore y te ame y, en este caso, deberás buscar satisfacción personal y apoyo emocional en otro lugar. Aprende los componentes de una relación saludable. Dichos componentes te ayudarán a determinar cómo debería ser una relación sana de dar y recibir, en caso de que vivas con un familiar narcisista. Incluso si estás acostumbrada al patrón de disfunción narcisista, ten en cuenta que siempre te hace sentir triste. Todos se sienten libres, respetados y escuchados en una relación recíproca.

También, crea más tiempo para aquellos que dan una reflexión honesta sobre quién eres tu. Esto te ayudará a mantener un punto de vista positivo y a convencerte de las tergiversaciones narcisistas. Las personas que entienden y valoran tus sentimientos y pensamientos traerán una influencia positiva en tu vida. Asegúrate de buscar constantemente nuevos amigos que estén fuera de la órbita del narcisista. Los narcisistas tienden a aislar a las personas de sus vidas para controlarlas mejor. Por último, busca siempre el propósito y el significado en los pasatiempos, como voluntaria en el trabajo en lugar de centrarte en el narcisista para que se sienta bien.

Capítulo 2

Capítulo 2: Las caras del narcisismo maternal

El trastorno de crianza narcisista puede ocasionar un daño emocional significativo a los niños. Los niños criados por una madre narcisista siempre sienten un estado de negación que les hace sentir que no son lo suficientemente buenos. Piensan que si fueran lo suficientemente buenos, podrían haberse ganado el amor de sus padres. Sin embargo, esta es una distorsión cognitiva egocéntrica que atormenta a los hijos de padres narcisistas. Los niños siempre tienen preguntas interminables como: ¿Soy lo suficientemente bueno? ¿Valoran mi apariencia y lo que puedo hacer? ¿Soy adorable? ¿Puedo confiar en mis propios sentimientos? El narcisismo ha surgido como un término familiar comúnmente utilizado para menospreciar a los demás. La evidencia ha demostrado que el trastorno psicológico está causando serias complicaciones a los niños. Las madres narcisistas no muestran empatía genuina y solo piensan en sí mismas. No dan amor incondicional a sus hijos.

La razón principal para la clasificación de narcisismo de los padres no se trata de la creación de otro grupo de víctimas. Si alguna vez has experimentado el narcisismo de los padres, continuar con la ira, el resentimiento, la culpa o la ira no resolverá nada. En cambio, se trata de comprensión, educación y amor para facilitar el proceso de curación. Tanto los padres como los hijos requieren la misma conexión para recuperarse y proceder con una plantilla más profunda. La capacidad de identificar los mensajes internos de la infancia es muy importante. Por otra parte, un padre narcisista posee muchos rasgos narcisistas. El narcisismo materno consta de seis etapas que incluyen lo extravagante-extrovertido, lo orientado a los logros, lo psicosomático, lo adicto, lo malo en secreto y lo emocionalmente necesitado.

La extravagante-extrovertida: Esta es la madre que aparece en las películas. Para el público, ella es muy atractiva, amada por las masas o un artista público, pero en casa, sus hijos y compañeros de hogar temen en secreto. Todo lo que le importa es actuar. Ella es divertida, llamativa y notable afuera. A pesar de que es amada por las masas, desprecias la mascara exterior que está presentando al mundo porque sabes muy bien que su espectáculo y fama realmente no te importan. Alguien se confunde fácilmente por la forma en que el mundo reacciona ante ella y, de niña, uno se pregunta por qué no ofrece el mismo carisma o enojo que ofrece a los extraños, familiares, colegas o incluso amigos. De niña, esto te humilla y deseas que ella pueda ofrecerte el mismo amor y ser lo que ella quiera ser. Sin embargo, este no es el caso y este tipo de vida de la madre lleva vidas encantadas y obliga a sus hijas a encajar en su mundo social.

El logro orientado: Una orientación a los logros crea que lo que un niño logra en la vida es primordial y, por lo tanto, el éxito está determinado por lo que haces y no por quién eres. Ella tiene las más altas expectativas de que el niño se desempeñe lo mejor posible. Dichos padres están muy influenciados por los logros de sus hijos, como graduarse con títulos pertinentes, admisión a la universidad correcta, victorias en torneos y obtener buenas calificaciones. La madre siempre se jactará de la actuación de sus hijos. Sin embargo, el problema surge cuando el niño no cumple con las expectativas de la madre orientada al logro y no logra lo que considera importante. Esto la avergüenza y ella podría responder con un ataque de ira o furia. Las altas expectativas terminan en una dinámica confusa. Cuando su hija intenta alcanzar un objetivo determinado que no la impresiona, resulta que no la apoya. Sin embargo, si su hija cumple y hace lo que percibe como correcto, la madre se jacta con orgullo de los premios y actuaciones. Como resultado, la hija aprende a esperar poco apoyo a menos que ella cumpla, lo que automáticamente la lleva a una baja autoestima y un estilo de vida de logros.

La psicosomática: Una madre psicosomática usa excusas como Fatigas, dolores y enfermedades para llamar la atención, salirse con la suya o manipular a otros. A ella no le importa el paradero de quienes la rodean y la única forma de llamar su atención es haciendo que la cuiden. La madre psicosomática usa las enfermedades para escapar de enfrentar sus dificultades en la vida o de sus propios sentimientos. Nunca estarás más enfermo que ella; ella siempre gana. Como su hija, la única forma de llamar su atención es cuidando de ella. Al resistirte a responder o al rebelarte contra su comportamiento, ella simulará la enfermedad para parecer más enferma, lo que eventualmente te hará sentir culpable. Estos métodos se denominan "métodos de control de enfermedad" y pueden ser muy efectivos, especialmente para aquellos que no se han dado cuenta.

La hija se siente culpable y es una perdedora que no puede cuidar a su madre enferma. Lo más importante para una madre psicosomática es la presencia de su hija para cuidarla y comprenderla. En la mayoría de los casos, las madres psicosomáticas usan su enfermedad para escapar de los momentos difíciles de su vida. La hija siempre se encontrará con amigos o familiares que siempre le dirán algo y luego le advertirán que no le diga a su madre, ya que esto la enfermará. De esta manera, la hija aprende que estar enferma atrae algo de atención y usa la misma estrategia para llamar la atención. La madre relata la enfermedad y se lo comunica a la hija. No obstante, debes tener cuidado de no estar más enferma que tu madre, que es tu responsabilidad.

The Addicted: : Una madre que abusa de las drogas es narcisista ya que su adicción siempre estará en primera línea ante cualquier otra cosa. Aunque el comportamiento narcisista desaparece cuando la madre está sobria, es importante tener en cuenta que la sustancia siempre está antes del niño dejando al niño vulnerable. El consumidor tiene un solo dios, su adicción. Son egoístas y egocéntricos. Los niños criados por "la madre adicta" saben muy bien que la droga o la botella son lo primero. Una madre adicta usa drogas para enmascarar los sentimientos. Por ejemplo, ella puede asistir al concierto del coro de su hija borracha, lo que significa que le importan menos las necesidades de su hija.

El secreto significa: Ella siempre es reservada en sus comportamientos abusivos hacia sus hijos. El yo privado y público siempre son diferentes, emergen como abusivas y crueles en casa, pero cuando están en público, fingen ser amables y amorosas. Estos mensajes opuestos impredecibles hacia un niño pueden arruinar su vida. Es difícil incluso sentir resentimiento por la madre, especialmente si engañó a casi todos los que no pertenecen a la familia. Alguien que tuvo una madre así puede entender cuán horrible suena esto. Por ejemplo, ella envuelve su brazo alrededor de tu cuello y te ofrece algo que realmente te gusta de su bolso con una sonrisa. Sin embargo, cuando le preguntas sobre lo mismo en casa o intentas contactarla, ella te premia con una bofetada o incluso te degrada. En público, ella puede decir algo como: "Mi hija es tan hermosa, estoy muy orgullosa de ella". En casa, puede decir algo como: "¿Por qué te vistes como una puta?, Tu cabello es un desastre; realmente deberías perder algo de peso ".

El emocionalmente necesitada: Dado que todas las madres narcisistas tienen necesidades emocionales, las de esta categoría representan sus necesidades de manera más abierta que otras. Ella es una madre que necesita ser atendida emocionalmente, lo cual es una propuesta perdida para el niño. Ella descuida los sentimientos del niño y no los nutre de la misma manera que espera que la cuiden.

Si tus padres muestran algunos de los rasgos mencionados, vale la pena señalar que es un trastorno y posibilidades transmitidas, desarrollaron los rasgos siguiendo las barreras para recibir amor y empatía cuando aún eran jóvenes. Sin embargo, esto no es una garantía de que aliviará tu dolor o tolerarás el abuso infantil, pero el conocimiento puede ayudarlo a una comprensión más profunda. Si tu infancia fue horrible, entonces la recuperación es la mejor solución como adulto. Las madres narcisistas siempre pensarán que realmente las estás criticando, y odian ser criticadas. Paradójicamente, los narcisistas expresan un concepto exagerado de su importancia, así como la velocidad de sentirse devaluada por los comentarios negativos. La crítica duele, y como los narcisistas creen que todo se trata de ellos, escuchan los esfuerzos de otros para hablar de las emociones privadas como una autocrítica velada. La falta de voluntad para asumir la responsabilidad por los errores puede resultar de confundir la porción con el pensamiento total o de todo o nada. Cualquiera que sea el origen de la sensibilidad crítica y la dificultad para reconocer errores, tienden a culpar a los demás cuando algo sale mal. Los narcisistas se sienten más seguros de culpar y encontrar fallas en los demás de lo que buscan explorar, aprender y desarrollar problemas desde su propio lado. Pueden ser lentos para reconocer, aunque los narcisistas culpan a otros rápidamente. Se requiere escuchar para apreciar y agradecer. A las madres disfuncionales les gusta comparar negativamente a su hija con otras: hermanos, hijos de vecinos, pares, etc.

Diferentes tipos de narcisismo asociados con las madres

Los muros mentales, emocionales y físicos que producimos son límites personales que nos protegen de ser utilizados, manipulados o violados por otros. Estas limitaciones nos ayudan a diferenciar obviamente quiénes somos y qué necesitamos de otras personas y sus necesidades. Crear y retener límites privados es el principal medio para fomentar el bienestar físico, emocional y psicológico. Las madres narcisistas no pueden ver exactamente dónde terminan y tú comienzas. Pueden violar la privacidad de su hija y quebrar su conexión con los demás; ella los criticará y acusará a la hija de estar asociada con algún grupo de amigos. Esto te hace sentir menos importante e ingenuo pensando que ni siquiera puedes tomar las decisiones de vida correctas. Incluso puedes preguntarte qué le hiciste a Dios para merecer una madre tan despiadada e indiferente.

La madre narcisista carece de empatía porque no comprende los sentimientos de otras personas. Con poca inteligencia emocional, experimenta poca compasión por los demás. Tienden a ser egoístas y auto-envueltas y, por lo general, no pueden comprender lo que sienten otras personas. Los narcisistas esperan que otros crean y sientan lo mismo que ellos y rara vez piensan en cómo se sienten los demás. También rara vez se disculpan, se arrepienten o son culpables. Pero los narcisistas están extremadamente sintonizados con las amenazas percibidas, la ira y el rechazo de otras personas.

Al mismo tiempo, son casi ciegas a las emociones de otras personas. A menudo interpretan mal las expresiones faciales sutiles y tienden mal interpretar las expresiones faciales como negativas. Además de esto, si tus palabras y frases no son congruentes, probablemente reaccionará incorrectamente. Es por elloo que los narcisistas a menudo malinterpretan el sarcasmo como un contrato real o como un ataque personal al bromear con otros. Una razón por la cual los narcisistas son deficientemente empáticos con las emociones de los demás, es debido a su ausencia de la capacidad de leer el lenguaje corporal correctamente. Los narcisistas también carecen de un sentido de la naturaleza de las emociones. No saben cómo se sienten. Creen que sus emociones son provocadas por alguien o algo fuera de sí mismos. Dicen que tú tienes la culpa porque no has seguido su plan o porque le has hecho sentir susceptible. Esta ausencia de empatía dificulta o imposibilita las relaciones reales y las relaciones emocionales de las narcisistas con sus hijas.

Las madres altamente narcisistas son bien conocidas por su tendencia a la proyección. Se proyecta y suena como una especie de balbuceo psicológico, pero es algo que hacen los narcisistas. La proyección implica que ella te traerá su propio comportamiento, personalidad y características deficientes para que pueda negarlos y castigarte en sí misma. Condenará a otros miembros de su familia por las cosas que hacen. Puede ser muy difícil ver si tiene características en las que ella pueda proyectar, que a veces es consciente, mientras que otras están inconscientes. Es posible que la hija no entienda esto porque probablemente verbalizó una visión ridículamente delgada del peso de las mujeres, por tanto, reconoce la proyección de tu madre. Ella lo va a proyectar ocasionalmente, aunque no tiene ningún sentido. Esto ocurre cuando se siente avergonzada y tiene que poner a su hija como chivo expiatorio y en exposición.

Todo lo que hace es negarse, siempre hay una excusa fácil o una justificación. Las crueldades están amorosamente redactadas. Se consideran los actos agresivos y hostiles, así como la manipulación egoísta. La crítica y la calumnia como problema están astutamente disimuladas. Ella va a hablar sobre cuán grandioso es alguien más, qué gran trabajo han logrado en algo que tú también has logrado, o cuán firmemente cree en ellos. Te queda la comparación. Ella te hace saber que no eres agradable sin decir una palabra. Es difícil confrontar a alguien por su tono de voz, actitud o la forma en que te miran, pero una vez que tu madre narcisista te ha entrenado, sin decir una palabra, puede prometer un castigo horrible. Como resultado, siempre tienes miedo, siempre estás equivocada, y no puedes señalar con precisión el por qué. Porque su abuso es parte de una estrategia de control de por vida y porque es cautelosa para racionalizar su abuso. Explicar a los demás lo que tiene de malo es difícil. Desafortunadamente, los terapeutas, considerando el comportamiento negable y la ansiedad del narcisista para proteger a un compañero padre, a menudo saltan en defensa del narcisista, fortaleciendo su sentimiento de confinamiento e impotencia.

Ella siempre debe ser el centro de atención, una característica definitoria de los narcisistas y especialmente de las madres narcisistas para quienes sus hijas existen como fuentes de atención y adoración. A las madres narcisistas les encanta esperar y, a menudo, salpican con pocas exigencias a su hija. Una madre narcisista puede crear ocasiones extrañas para que ella sea el centro de atención, como los monumentos conmemorativos de alguien cercano a ella que murió hace mucho tiempo o celebraciones importantes de pequeños acontecimientos personales importantes. Con frecuencia se invita a sí misma donde no es bienvenida. Necesitas pasar todo tu tiempo con ella si ella te visita o si tú la visitas. Siempre ha sido golpeada, manipulada o furiosa si intentaste hacer algo sin ella, no querías entretenerla, te negabas a esperarla, obstaculizabas sus planes de drama o la privabas de atención. Las madres narcisistas mayores a menudo usan las limitaciones naturales del envejecimiento para manipular escenas, a menudo haciendo caso omiso de su bienestar o haciendo cosas que saben que causarán esos problemas. Esto les brinda la oportunidad de sacar provecho de la inversión que hicieron cuando lo capacitaron para esperar como un niño en ellos. Las madres narcisistas son tan inseguras que incluso compiten con sus propias hijas. Una hija más joven y hermosa puede amenazar a una madre. O bien, una mujer que se siente insegura de que es más inteligente y más hábil que su hija.

Los narcisistas son pretendientes. Una forma de hacerlo es pretendiendo erróneamente que tienen ciertas características cuando realmente no las tienen o simplemente diciendo que piensan algo que realmente no creen. Quizás, al afirmar que tienen la mayoría de los otros valores, mientras que obviamente pueden decir que mienten cuando se examina su comportamiento. El narcisista utiliza la comunicación indirecta para enfrentarse a los individuos. También mienten, chismean, manchan o difaman a otros. Para controlarlos y manipularlos, también pueden aislar a su víctima. A veces se hace referencia a todo lo anterior como la táctica de división y conquista y puede involucrar a personas ajenas a la familia. Esto implica que todo lo que sale mal es culpa de la hija.

Se sabe que las madres altamente narcisistas evitan la responsabilidad. Definitivamente tomarán el crédito por el trabajo y los logros de otras personas, pero casi nunca reconocerán la culpa. También culparán a otros por sus errores y mala conducta. Un narcisista siente envidia patológica; Odian ver la felicidad en los demás. Para lidiar con esto, enfatizan demasiado sus logros y habilidades, o se jactan de ello, o derriban a otros.

Después de recibir su dosis de suministro narcisista, pueden sentirse maníaticas y luego hundirse en una depresión profunda cuando sienten vergüenza de no ser tan amables como cualquier otra persona. Como cualquier narcisista, se sienten excesivamente esenciales. Esperan que otros les presten atención, pero son negligentes y no se les tiene en cuenta. No es razonable para las madres altamente narcisistas; no son sólidas en sus afirmaciones y son inapropiados. Están absortas en sí mismas y sus pensamientos y los sentimientos no importan. Dependiendo de la biología, el resultado del apego, el género y las experiencias particulares de desarrollo, los impactos aguas abajo de ser criados en el entorno familiar narcisista emocionalmente invalidante son numerosos, especialmente para las hijas. La atención de la madre narcisista puede haber variado desde negligencia manifiesta y falta de preocupación hasta intentos intrusivos de regular a la hija de acuerdo con los requisitos narcisistas de la madre. La discapacidad continúa hasta la edad adulta, una instancia de esto sería cargar a la hija con los miedos, los resentimientos o las preocupaciones íntimas de la madre. Las contribuciones o actuaciones de la niña ahora adulta no serán reconocidas o rechazadas en la medida en que provoquen la envidia de la madre narcisista. La falta de reconocimiento se acumulará haciendo que interiorizar un sentimiento de orgullo sea difícil para un niño adulto.

Cuando hay hijas que han sufrido este tipo de negligencia y abuso, generalmente hay problemas de autoimagen que implican el problema de sentirse dignas, cohesivas y completas. Incluso puede haber una sensación de que no existe una existencia real. Hay sentimientos extremadamente cargados y ambivalentes hacia los padres. Una lucha definitoria para la hija adulta de la madre narcisista a menudo se centra en encontrar y mantener un nivel ideal de autoconciencia.

Como cualquier narcisista, se sienten excesivamente esenciales

Es con este argumento que nos involucramos en el proceso de curación de madres a hijas y viceversa. Ponte al día sobre el narcisismo; el objetivo es ayudarla a comprender con qué está tratando y consolidar la verdad de que no fue su culpa la forma en que lo manejó. Es vital que te separes emocionalmente de la madre que dominó tu vida para que puedas comenzar a verte a ti misma. Estabas tratando con ella con sus términos. Ahora es el momento de que establezcas el tuyo. En segundo lugar, establezce límites saludables. Sin duda, has intentado trazar la línea una y otra vez. Si todo lo demás falla, el contrato termina.

Si tu madre no puede detener su comportamiento destructivo, dile que necesitas espacio total, al menos por un tiempo. Tu has sido perjudicada y necesitas tiempo en tu vida para sanar y construir una red de personas que te traten con amor y respeto. Desarrolla la empatía de tu madre. Cuanto más sepas sobre la infancia de tu madre y las fuerzas tóxicas que la moldearon, más podrás aliviar el shock emocional que tienes sobre ti. Por último, el perdón; No puedes cambiar el pasado. Solo puede ser aceptado. Tienes un fuerte impacto transformador cuando el perdón es real. Es más fácil perdonar sinceramente en pedazos pequeños en el mismo momento que otorgar el perdón general. Esto permite que el espacio se realice plenamente y se trabaje para otras ofensas futuras o anteriores.

Capítulo 3

Capítulo 3: Características de los padres narcisistas

Las madres son la base del apego de sus hijos al mundo. Todos tendemos a aprender de nuestras madres en función del modo en que nos protege y nos protege del daño, nos nutre y nos cuida. El potencial de una madre para satisfacer nuestras necesidades básicas, aliviar nuestro dolor, sintonizar nuestras emociones y proporcionarnos un apego saludable, esto tiene un impacto significativo en nuestra regulación emocional, estilos de apego y nuestro desarrollo. Sin embargo, este no es el mismo caso para aquellos criados por una madre narcisista. Una de las principales señales sobre una madre narcisista es que te enseñaron a creer que eres un desequilibrado y loca; sometiéndote a un sinfín de dudas sobre ti misma y cualquier sentimiento que tengas sobre ellos. El otro signo es la culpa constante que nunca desaparece. Te das cuenta de que tal vez algo está mal con tu madre, pero te da vergüenza pensar de esa manera y pegarte a ti mismo. Las siguientes son las características más comunes de una madre narcisista:

- *Todo lo que ella hace es negable.* Ella presenta manipulaciones egoístas como regalos. Es hostil y agresiva, pero presenta sus acciones como actos de consideración. Ella cumple sus crueldades con términos amorosos y siempre da excusas y explicaciones. Para ella, todo lo que quiere es lo mejor para ti, para ayudarte. Nunca admitirá que cree que eres inadecuada, pero cuando le dices que has hecho algo mal, ella te responde con algo que tu hermano hizo mejor o simplemente responde con silencio. Sin embargo, eventualmente hará algo cruel contigo para darte una lección y asegurarte de que no te superes a ti misma. Ella separa con precisión la causa (la alegría en tus logros) del efecto (negándote que asistas a la ceremonia de premiación) de una manera que alguien que no vive en el abuso nunca entenderá.

Ella usa la comparación como sus principales humillaciones. Ella sigue hablando de cómo alguien más hizo algo maravilloso en lo mismo que tú, y el contraste va dirigido a ti. Ella se asegura de que no seas buena sin siquiera decir una palabra y estropear tu gusto y placer al felicitarte con una voz infeliz, envidiosa y enojada que te hace sentir inútil. Ella es completamente negable. Aunque siempre es posible confrontar a alguien observando sus expresiones faciales, la forma en que te miran y su tono de voz, el caso de una madre narcisista es diferente. Ella se asegura de que entiendas completamente el castigo que seguirá inmediatamente si objetas cualquiera de sus opiniones, lo que te da miedo, sentir que siempre estás equivocada, pero no puedes señalar por qué.

Como el abuso es a largo plazo y siempre serás su hija; siempre será difícil explicar a otras personas por qué es mala. Ella siempre es muy cuidadosa acerca de cómo involucra sus abusos y siempre es muy reservada. Siempre toma el momento adecuado para sus acciones abusivas para asegurarse de que nadie escuche o note sus comportamientos abusivos. Sin embargo, para el público, ella emerge como completamente diferente y siempre lo manejará con preocupación, amor y comprensión. Como resultado, los narcisistas generalmente informan que nadie cree en ellos. En otros casos, los terapeutas terminan poniéndose del lado de la madre narcisista, dejando al niño aislado e indefenso.

- *Ella viola tus límites.* Constantemente sientes que eres una extensión de ella. Ella siempre entrega lo que es de tu propiedad sin siquiera preguntar, a veces incluso frente a ti y cuando te quejas, te confronta que nunca fue tuya. Ella expresa opiniones que estaban destinadas a ser suyas y dedicar su tiempo sin siquiera consultarlo. Ella te habla mientras estás presente como si no estuvieras allí. Ella no respeta tu privacidad; ella irrumpe en tu cuarto o baño con o sin su consentimiento. Ella sigue haciendo preguntas curiosas, fisgonea en tus conversaciones, agenda, cartas y correo electrónico. Ella siempre está investigando tus sentimientos, especialmente si son negativos y pueden usarse en tu contra. Ella siempre está en contra de tus deseos sin sentir vergüenza o conciencia. Cada intento de su autonomía pasada es fuertemente resistido, mientras que los ritos de iniciación normales, como las citas, usar maquillaje y aprender a afeitarse, se permiten después de insistir fuertemente y si intentas resistir, te lo castiga fuertemente. Por ejemplo, ella puede decir que "ya que has crecido lo suficiente hasta la fecha, también puedes comenzar a pagar tu propia ropa". Si intentas pedir derechos apropiados para tu edad, controlar tu propia vida, arreglarte o incluso tu ropa, entonces eres considerado arrogante y ella ridiculiza tu independencia.

- *Una madre narcisista también tiene un favorito*. Ella selecciona a un hijo, o incluso más, para ser su hijo dorado y el otro, o incluso más, para ser su chivo expiatorio. Ella le ofrece a su hijo dorado todos los privilegios siempre que él / ella siga sus instrucciones y haga lo que quiera. Ella espera que el niño dorado sea respetado por todos en la familia, mientras que el papel de chivo expiatorio es cuidar a la madre. La niña dorada nunca hará algo mal a menos que sea en contra de la voluntad de su madre. Por otra parte, el chivo expiatorio siempre tiene la culpa, lo que crea divisiones entre los niños, donde algunos consideran que la madre es maravillosa y sabia, mientras que el resto la encuentra odiosa. La madre narcisista fomenta la división al mentir con un comportamiento descaradamente injusto. La niña dorada toma un papel activo para defender a su madre y perpetuar el abuso indirectamente al encontrar razones para culpar al chivo expiatorio en lugar de la madre. El niño dorado ayuda a la madre narcisista con sus abusos hacia el chivo expiatorio asegurándose de que no lo haga sola.

• *Una madre narcisista también quebranta.* Solo puede reconocer los logros de sus hijos si es capaz de tomar el crédito por ellos. Sin embargo, si no la benefician, ella disminuye o ignora todos los logros o éxitos. Cuando estás en el escenario y ella no puede tener la oportunidad de ser el centro de atención, responde negativamente tratando de evitar la ocasión por completo; se pierde el evento, deja la ocasión temprano, actúa como si no fuera gran cosa, o incluso deja un comentario negativo de que alguien más lo hizo mejor que tú. Incluso crea peleas innecesarias para debilitarte y te hace sentir desagradable justo cuando estás a punto de hacer un movimiento importante. A menudo retira sus esfuerzos y su atención cada vez que tienes oportunidades que no le gustan y se niega a hacer incluso las cosas más pequeñas para apoyarte. Actúa de forma desagradable hacia las cosas que le parecen alegres y las que están conectadas con su éxito, lo que lo hace sentir inútil incluso si no lo dice directamente. Ella siempre se asegura de que, independientemente de los esfuerzos que estés haciendo para lograr tu éxito, te lleve a buscarlo.

- *Ella siempre denigra, crítica y degrada:* Una madre narcisista se asegura de que seas consciente de todas las pequeñas cosas. Ella piensa menos de ti en comparación con lo que le hace a otras personas o a tus hermanos en general. Si, en cualquier caso, se queja de maltrato por parte de otra persona, ella inmediatamente toma la posición de la otra persona para atacarlo, incluso si no sabe nada de la otra persona. Ella nunca reconoce sus quejas ni sobre los jueces de esas personas. Lo único que le importa es hacerte sentir que nunca tienes razón. A menudo, ella dirá algunas barbas generalizadas que a menudo son difíciles de refutar. Por ejemplo, "Nadie podría soportar las cosas que haces", "Siempre eres problemática", "Eres muy difícil de vivir", "Nunca terminas nada de lo que comienzas", "Eres difícil de amar", "Siempre eres difícil ". Sin embargo, ella siempre se queja de sí misma de un lado a otro. La escucharás quejarse de que todos son tan egoístas, a nadie le importa, la ama o hace algo por ella mientras tu es la única persona que está en la lugar. Esta es una combinación de crítica y negación.

Además de esto, ella siempre complementará algo que hicieron con otra persona; algo en lo que también participaste, mostrándote que a ella no le gustaba de ti. Ella siempre intentará mostrarte cómo su relación con otras personas es maravillosa de una manera que te hará darte cuenta de que no es la misma relación entre ustedes dos. En este caso, el mensaje silencioso que intenta comunicar es que realmente no le importas. Ella ignora los descuentos y minimiza sus opiniones y experiencias. Ella conoce tus ideas con acusaciones, negaciones y condescendencia. Por ejemplo, mientras estudia, irónicamente dirá: "Creo que lees demasiado". Además, ignorará todo lo que digas incluso en aquellos campos en los que eres experta. Ella te confronta con risas y sonidos abusados o algunas exclamaciones exageradas y se asegura de que no escuche ni haga lo que tú digas.

- *Ella asegura que te veas cómo loca.* Si, en cualquier caso, intentas encontrarte con ella por algo que ha hecho, ella te insulta diciéndote que tienes una imaginación vívida. Esto es común en todo tipo de narcisistas para invalidar tu experiencia sobre su abuso. Ella también abusa de que no entiendie qué estás hablando. Ella finge olvidarse de eventos muy memorables que niega como si nunca hubiesen sucedido, y cuando se lo recuerdas, no admite ninguna posibilidad de que haya olvidado. Esta táctica se conoce como "iluminación de gas" e implica un comportamiento muy agresivo y excepcionalmente irritante que es común en todo tipo de narcisistas. Ella socava sus percepciones de la realidad, lo que mata su confianza en su poder de razonamiento, su memoria e intuición, lo que la convierte en una víctima completa de ella. Además, las madres narcisistas son siempre gaslight. Los escuchará diciéndole que es inestable para escuchar ciertas cosas. Se refieren a ti como demasiado reactivo, completamente irracional, histérico, siempre imaginativo o demasiado sensible.

Una vez que ella haya construido estas falsas fantasías de tus patologías emocionales, las compartirá con otros, mostrándoles cuán indefensa y víctima es ella ante ti a su alrededor. Ella siempre dice ser inocente y afirma que no comprende por qué estás tan enojada con ella. De hecho, terminas siendo tú quien la lastimó y cree que necesitas psicoterapia, dice cuánto te quiere y se preocupa por ti y haría cualquier cosa para verte feliz, pero no entiende cómo. Según ella, todo lo que haces es empujarla cuando lo único que quería era ayudarte. Ella se queja de que ha sacrificado sus responsabilidades por su empatía y concluye que algo está realmente mal en usted. Ella usa esto como un arma para socavar su credibilidad con sus oyentes al explicar claramente cuán perfecta desempeña su papel de madre.

- *Una madre narcisista también tiene envidia.* Cada vez que haces algo bien, se pone envidiosa y enojada, lo que solo desaparece si ama lo que sea que te haga exitosa. Si no, ella intentará estropearlo, quitártelo o conseguir lo mismo pero mejor para ella. Ella siempre se asegura de estar en el camino correcto para obtener lo que otras personas tienen. La envidia de las madres narcisistas llega incluso a competir sexualmente con sus hijas o nueras. Les prohíben activamente arreglarse o incluso maquillarse mientras les critica su aspecto. La envidia también puede extenderse a las relaciones donde la madre narcisista interfiere con el matrimonio de sus hijos y la educación de sus nietos.

- *Una madre narcisista miente de muchas maneras para contar.* Cuando habla de algo que tiene un significado emocional para ella, es justo decir que está mintiendo. Es la única táctica que usa para crear un conflicto en las relaciones y entre las personas con las que vive. Ella miente sobre sus sentimientos, lo que han hecho y lo que otras personas han dicho sobre ellos. Ella miente sobre la relación entre ustedes dos, su situación o incluso su comportamiento para asegurarse de que tu credibilidad siempre se vea socavada. No obstante, ella siempre es cautelosa sobre cómo y cuándo miente. Para los extraños, lo hace de una manera deliberada y reflexiva en que puede cubrirse si se le confronta. Ella cambia todo lo que tu dices para que tenga un significado negativo al poner algunas interpretaciones deshonestas sobre lo que hiciste. Cuando se involucra en algo malo, usa mentiras preventivas y habla antes de que digas nada. Cuando finalmente hablas, ella te confronta con frases como "ya lo sabía". Dado que siempre es muy cuidadosa con sus mentiras, es posible que nunca te des cuenta.

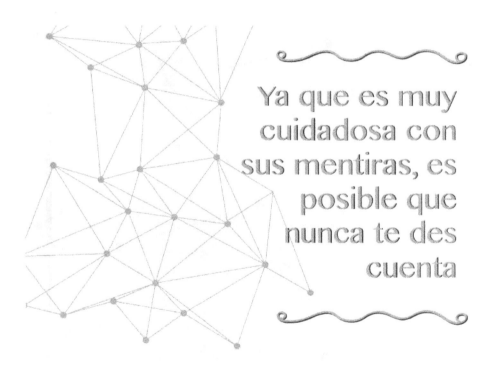

Ya que es muy cuidadosa con sus mentiras, es posible que nunca te des cuenta

Cuando te está mintiendo, lo hace descaradamente. Ella fingirá nunca acordarse de las cosas malas que ha hecho. Miente abiertamente incluso si lo que hizo fue tan reciente o es algo imposible de olvidar. Cuando cedes con la mentira y tratas de hacerla recordar sobre el tema, entonces ella se refiere a ti como si tuvieras una "imaginación vívida". Te confronta con preguntas como "¿Por qué guardas rencores?". Tus conversiones son siempre llena de cepillos donde ella te hace sentir inútil. Ella no te respeta y al final de la conversación, hace que no suene bien. Sus conversaciones solo se basan en una regla; Nunca ganarás. Ella solo reconoce que está equivocada en muy raras ocasiones y cuando lo hace, admite que lo niega. Por ejemplo, ella usa frases como "podría haber", "adivina", "tal vez" ha hecho algo mal. Ella siempre recorta la acción incorrecta para que suene bien. Ella usa las frases por culpa porque sabe muy bien lo que hizo.

- *Ella quiere ser el centro de atención todo el tiempo:* Los niños son la fuente de adoración y atención para las madres narcisistas. Más a menudo, te encuentras haciendo algunas tareas en el momento más apropiado solo porque ella te ve allí. Descubres que algo que no lo tenías que hacer ese día o esa semana, tienes que hacerlo a su demanda o exigencia. Ella crea ocasiones desactualizadas solo para estar en el centro de atención, como hacer memoria de alguien que murió hace mucho tiempo. Optar por ser la animadora para poder ser la vida de su propia fiesta e intentará distraer o estropear cuando alguien más llame más la atención, especialmente si es el momento de su hijo chivo expiatorio. Ella siempre se invita a sí misma en los momentos en que no es bienvenida. Cuando cualquiera de ustedes hace una visita, ella requiere que pasen el tiempo con ella y entretenerla es interminable. Cuando haces algo sin involucrarla, le quitas la atención o te niegas a esperarla por algo, terminas enojada, manipulada o incluso maltratada.

Además, las madres narcisistas mayores usan las limitaciones naturales del envejecimiento como hacer cosas que les enfermarán como una ventaja. Por ejemplo, si el médico la priva de algunos alimentos, los tomará intencionalmente para enfermarse y, por lo tanto, atraerá la atención. Cuando se enferman, usan todos los medios que pueden alcanzar y exigen atención inmediata y, por lo tanto, asistencia. Ella espera que llores por su dolor, le acaricies la mano, corras a su lado y escuches con simpatía su dolor infinito y lo horrible que es. Sin embargo, esto no te hace mejor; ella lo somete a condiciones difíciles que de otro modo podrían haberse evitado. Sin embargo, si no le prestas atención y al público que está manipulando, te hace ver mal a todos e incluso puede buscar culpabilidad legal..

- *Ella siempre está manipulando tus emociones con el objetivo de alimentar tu dolor.* El comportamiento extremadamente extraño y enfermo es común entre casi todo tipo de madres narcisistas a las que sus hijos siempre se refieren como vampiros emocionales. El sadismo es una de las estrategias utilizadas para alimentar estas emociones a los niños. La madre narcisista pregunta activamente sobre las cosas a las que eres sensible, sigue diciendo o haciendo cosas solo para herirte, se involucra de una manera tormentosa y burlona, pero en breve verás una sonrisa en sus labios. Por ejemplo, ella te lleva a una película terrorífica en 3D y luego te insulta sobre tu llanto infantil, y luego sonríe encantada sobre tu rostro hiriente. En muchos casos, oirás la risa en su voz mientras te dice cosas angustiosas y estresantes. Entonces la oirás regodearse por cómo se burla y comparte cómodamente con otras personas sobre lo divertido que es burlarse de ti, que es como reclutarlos para compartir su diversión. Ella parece disfrutar de sus crueldades y no piensa en disimularlo. Ella deja en claro que tu dolor es parte de su diversión. Más a menudo, se le ocurren temas ofensivos e investiga sobre ellos mientras observa de cerca tu reacción.

Además, este modo de vampirismo emocional conlleva tanto una demanda de que los de su alrededor sufren mientras busca atención también. Las madres narcisistas siempre actúan como mártires que toman la forma de autocompasión y desgarramiento. Ella sigue llorando y sollozando porque todos son tan egoístas y nadie la ama y ella no quiere vivir; Ella quiere morir. Le importa muy poco como su manipulación afecta a otras personas, que es uno de los principales comportamientos de las personas narcisistas. Es capaz de crear dramas en medio de las tragedias de otras personas que muestran cómo está sufriendo.

- *Es obstinada y egoísta.* Una madre narcisista siempre se asegurará ganar todo lo mejor. Ella sigue y cree en sus propios caminos y lo perseguirá de manera manipuladora y despiadada, incluso si le costará algunos esfuerzos adicionales o superará el comportamiento normal. Hace enormes esfuerzos para ganar algo que le hayas negado, incluso si tenías razón acerca de que ella no lo tenía o si lo exigía de una manera irrazonable y egoísta. Si tienes una fiesta y le dices que traerás a sus amigos, ella se asegurará de que sus amigos vengan, incluso si no había planeado eso. Ella mentirá que tu fuiste quien los invitó para que tu tomes la carga de ceder o tomar la decisión de avergonzarlos en la puerta de tu casa. Si, por ejemplo, ella quiere venir a tu casa y tu te niegas, ella llamará tu pareja para terminar recibiendo el permiso. Sin embargo, ella no lo notificará y aparecerá como una sorpresa que será una vergüenza total para ti. también, dado que la mayoría de las madres narcisistas son centradas en sí mismas y egoístas, una de las principales características comunes con todas ellas es que son malas dadoras de regalos. Obtendrán cosas del mercado o donaciones para ellos como regalos para ti. Por ejemplo, pueden regalarte su bicicleta vieja y comprarse para sí una nueva. Creen que las cosas nuevas no te convienen y argumentan que no es un intercambio. Sin embargo, si la sorprendes con algo que le gusta, entonces probablemente te comprará algo de tu elección, pero se asegurará de que se dé cuenta de cómo le duele darle algo. Como resultado, ella podría comprarte un artículo y obtener un artículo idéntico para ella o puede elegir llevarte de compras, comprarte un regalo y, al mismo tiempo, compra algo mejor para ella, para hacerla sentir mejor.

- *Ella regularmente avergüenza a sus hijos.* Las madres narcisistas siempre usan la vergüenza como un arma para asegurarse de que sus hijos nunca desarrollen una autoestima o identidad constante para asegurarse de que nunca se vuelvan lo suficientemente independientes como para vivir sin su aprobación o validación. Ella públicamente avergüenza a sus hijos por no lograr mucho personal, profesional, social o incluso académicamente. Los avergüenza con respecto a sus preferencias, personalidad, forma de vestir, estilo de vida, amigos, pareja y opciones de carrera. Cuando sus hijos actúan por sí solos, ella los avergüenza, por consiguiente, teme de perder el poder y el control. Como consecuencia, ella infunde una sensación de no ser lo suficientemente buenos e independientemente de sus logros

- *Las madres narcisistas están marginadas.*
Es extraño pensar que algunas madres narcisistas se ven amenazadas por el éxito, la promesa y el potencial de sus propios hijos, los confronta negativamente al desafiar sus autoestima. Una madre narcisista se siente amenazada y, como resultado, hace un esfuerzo por despreciar a su hijo para que siga siendo superior. Algunos de los ejemplos de una madre narcisista marginada incluyen el rechazo del éxito y los logros de sus hijos, la comparación injusta con sus compañeros, las críticas y juicios irrazonables, y la burla. Por ejemplo, una madre narcisista confrontaría a su descendencia con frases como "nunca serás lo suficientemente bueno".

Capítulo 4

Capítulo 4: ¿Dónde está papá?

Para cualquier familia con una madre narcisista, las cosas se hacen de acuerdo con un conjunto de reglas tácitas. Los niños aprenden automáticamente a vivir con estas reglas, pero en su mente, siempre están confundidos y dolidos por ello, porque bloquean sus lazos emocionales con sus padres. Se sienten invisibles, no nutridos, no vistos o incluso no escuchados. Este conjunto de reglas se establece para garantizar que no haya límites entre la madre narcisista y el niño, lo que le da la oportunidad de explotarlos y aprovecharse de ellos.

Es evidente que el padre de una familia con una madre narcisista gira alrededor de ella mientras el planeta gira alrededor del sol. En primer lugar, los dos están juntos porque la madre narcisista estaba buscando una pareja que estuviera listo para estar en el centro de sus acciones. La cual es la primera regla para que el matrimonio sobreviva. Siempre que haya una discusión, la esposa debe ser la ganadora, mientras que el padre se convierte automáticamente en el perdedor.

Cualquier padre que acepte tales abusos e insultos lo haría por muchas razones, y en este caso, acepta el comportamiento como un padre habilitador. En el fondo, podría no estar dispuesto, pero con el tiempo, se da cuenta de que esta es la única forma en que funcionan las cosas. Al ceder, el padre también se convierte en un padre narcisista y es completamente incapaz de atender las necesidades de sus hijos. La madre le impide resolver esto y los niños terminan sintiéndose traicionados por ambos padres. Por lo tanto, es muy difícil penetrar a través de este nido del padre narcisista establecido a través del acuerdo tácito, especialmente para los niños. Lamentablemente, lo que mantiene unida a la familia es la negación de los padres y muchas familias optan por no enfrentar sus problemas, incluso si lastiman a sus hijos.

Las hijas de mujeres narcisistas no tienen ninguna oportunidad.

Las madres narcisistas, son madres y conciben hijos por las razones incorrectas. Es imposible para ellas dar amor genuino o tener verdaderos instintos maternos. Para ellas, los hijos significan un suministro narcisista cautivo. Dado que el niño está bajo su cuidado, una madre narcisista espera adoración completa e ignora el hecho de que los hijos tienen sus propias necesidades. Nunca imagina que sus hijos pueden ser entidades separadas con sus propias necesidades. La verdad es que los niños tienen sus propias necesidades que pueden ser bastante exigentes para cualquier madre. Esto puede ser muy tedioso para una madre narcisista que siempre encuentra difícil dar más de lo que recibe. Como consecuencia, ella siempre está resentida con sus propios hijos y sus necesidades que conducen a un comportamiento abusivo. Ella cree que los niños son sus propias posesiones y que puede hacer con ellos lo que quiera. Ella está feliz de usarlos como chivos expiatorios para cosas que la frustran o la hacen infeliz. Ella enfrenta a sus hijos con una furia narcisista aterradora cada vez que intentan expresar sus propias necesidades, defenderse o cuestionarla. Finalmente, los niños aprenden que nunca ganarán y aprenden a cumplir sus reglas. Ella los intimida por miedo a obligarlos a permanecer en silencio.

Los roles que los padres deben jugar para proteger a sus hijos de las madres narcisistas.

La pregunta surge entonces; ¿Dónde está el padre mientras ocurre todo esto? ¿Qué esfuerzos hace por el abuso reciben los niños a manos de su madre? Es lógico argumentar que los padres juegan un papel vital en el desarrollo y el bienestar emocional de los niños, especialmente de sus hijas. De hecho, alguien tiene que abogar por ellos, protegerlos y amarlos. Se considera que un padre es el protector y el jefe de la familia que no solo debe pararse y ver a sus hijos sufrir de un mal trato. Sin embargo, este es un argumento basado en la lógica y no funciona por completo para una familia que tiene una madre con TPN. Un hombre con gran autoestima y límites pronto huirá de una mujer tan loca y, si es posible, se llevará a sus hijos.

Es más, un hombre fuerte con gran autoestima y límites saludables no estará en una situación así en primer lugar. Incluso si él estaba confundido por error con la falsa personalidad, las formas manipuladoras y la astucia de su esposa y se casó con ella, entonces es probable que no se quede en el matrimonio por mucho tiempo. Los narcisistas solo se aprovechan de los débiles, aquellos a quienes pueden manipular o intimidar fácilmente. Se considera que los hombres que logran casarse con una mujer narcisista tienen tendencias masoquistas y muy baja autoestima. Han sido maltratados en su vida y, en algunos casos, también pueden tener el mismo trastorno que tiene la esposa. Un hombre normal nunca se sometería a la ira, la objetivación, la emasculación o la deshumanización impredecibles de una mujer narcisista. Nunca encajará en el papel de una víctima perpetua, una persona que admite ser culpable cada vez que la mujer narcisista lo acusa. Alguien que cree que no lo merece.

Cuando los hijos se dan cuenta de que su madre es narcisista, ya se ha establecido que la supervivencia de su padre en la relación depende de su permiso para el maltrato de su esposa. Es importante tener en cuenta que los hombres que mantienen relaciones con mujeres narcisistas no hacen un papel paterno fuerte. Son simplemente medusas sin espinas que aceptarían cualquier tipo de tortura y abuso solo para mantener la paz con sus esposas, incluso a expensas de sus hijos. En este tipo de familia, tanto el padre como los hijos entienden bien que la madre es lo primero. La madre también es capaz de convertir al padre en cómplice de sus tácticas abusivas. Ella lo obliga a su trabajo sucio y para quedar siempre como la inocente. Ella siempre es teflón, nada puede pegarse a ella, y cada vez que el padre le echa la culpa a ella, ella niega haber hecho algo como tal.

A pesar de ello, dicho comportamiento del padre no tiene sentido para los hijos. Siguen preguntándose por qué su padre es tan leal con alguien que lo maltrata. Se preguntan cuándo su padre los defenderá y dirá que no. Son testigos de la impotencia y el depreciación de su padre, que daña críticamente su bienestar emocional, al igual que el abuso de su madre narcisista. Es poco probable que estos niños experimenten un desarrollo emocionalmente saludable y no tengan ninguna seguridad emocional. Llevan vidas completamente inestables en un entorno caótico e impredecible. Como nunca tienen consistencia emocional, viven del miedo y terminan siendo obligados a asumir algún tipo de responsabilidad inapropiada para su edad a fin de establecer una sensación de paz.

También, las fuerzas externas rara vez intervienen para ayudar a los hijos porque nadie sabe lo que sucede. Las madres narcisistas son muy reservadas y protegerían sus acciones abusivas del mundo exterior. Para el mundo exterior, presenta la imagen de la familia perfecta lo cual todos los ven como unos padres maravillosos. Nadie se da cuenta de lo que realmente sucede detrás de las puertas cerradas de su familia. De vuelta en casa, ella exige lealtad completa. Ella deja en claro que los asuntos familiares deben mantenerse privados y nunca deben exponerse al público. Retira cualquier apariencia de amor que le había prometido cada vez que su hijo rompe una regla. De esta manera, los niños optan por no avergonzar a su madre y eligen internalizar todos sus sentimientos.

Los hijos de una madre narcisista y un padre habilitador a menudo son maltratados y abandonados a edades muy tempranas. Nadie está allí para abogar por ellos y terminan en una vida de codependencia, problemas de límites, ira, miedo, ansiedad, depresión, falta de autoestima, inseguridad y dolorosas relaciones adultas. En otros casos, podrían producirse alteraciones químicas en sus cerebros, lo que les dificultaría la curación del maltrato en los años posteriores sin atención médica necesaria, como el asesoramiento y la terapia. Maduran con una deficiencia en sus habilidades de afrontamiento o resolución de problemas y, como resultado, tienen que establecer algunas paredes protectoras para su supervivencia emocional. Enfrentan algunos de los desafíos básicos de la vida con abuso de sustancias, ira, abstinencia, miedo y confusión. Para la mayoría, su vida termina siendo desastrosa

Por lo tanto, está claro que con o sin un padre en casa, las madres narcisistas siempre tendrán problemas de por vida y vivirán vidas dolorosas, pero nunca entenderán el por qué. Experimentan el maltrato por lo que fue y por lo que podría llegar a ser. Están asustados con historias de niños que fueron brutalmente golpeados y piensan que están mejor, lo que los hace sentir culpables. Sin embargo, nadie puede comparar el abuso emocional con el abuso físico. Las madres narcisistas usan el maltrato emocional que ante el fisico siempre es sutil. Deliberadamente se aseguran de que sus víctimas siempre estén confundidas acerca de lo que está sucediendo, lo que las asustará para identificar la fuente de su dolor. Siempre juegan juegos mentales y siempre niegan todo lo que han hecho. Como resultado, sus hijos siempre la confrontarán para pedirle disculpas, validación o admisión.

Sin embargo, es dos veces más frustrante cuando el padre adopta la misma postura que la madre TPN. Una madre narcisista es capaz de convencer a un terapeuta de que su hija es la raíz del problema. Esto mata el espíritu en ellos y valida sus sentimientos internos de que siempre están equivocados.

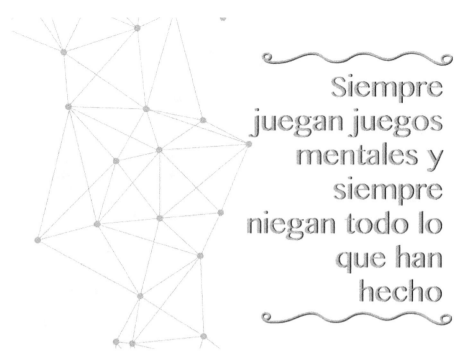

Siempre juegan juegos mentales y siempre niegan todo lo que han hecho

Cada familia que tiene una madre narcisista y también tiene un padre habilitador. La única forma en que una familia carece de un padre habilitador es si se ha ido de la familia o también es un padre narcisista. Sin embargo, vale la pena señalar que un hombre que siempre se opone a su esposa considera que su esposa es tolerable, o que no será tolerado por mucho tiempo y tomará la decisión de irse o será expulsado. Siempre es difícil para los narcisistas mantener una relación saludable, y en muchos casos, o bien no existe una relación o la existente es disfuncional y habilitante. Un padre habilitador se puede definir como aquel que se entrega a la madre narcisista y le permite el maltrato hacia sus hijos, el que la respeta completamente y espera que los niños caigan en la misma trampa también. Si él la adora o es por miedo no importa; el resultado es el mismo y siempre se asegura de que ella se mantenga feliz sin importar el costo que tendrá para los niños.

Él actúa como su protector. Debe defenderla viciosamente, lo que muestra su propia versión de la ira narcisista. Los padres juegan un papel vital en el bienestar de sus hijos y pueden lastimarlos a través de los actos de omisión (lo que no hacen) y sus actos de omisión (lo que hacen). Hasta ahora, hemos visto cómo las madres narcisistas pueden dañar profundamente todo el proceso de desarrollo de sus hijas. Es, por lo tanto, el deber de los padres intervenir y evitar que ocurra tal daño. Empero, si el padre falla, se le califica como un padre habilitador que no protege a sus hijos al permitir que la madre narcisista les maltrate. Independientemente de la razón que facilita este comportamiento habilitador, ya sea la pereza, la cobardía moral, la complacencia, la ignorancia, el simple abandono, la debilidad del carácter o el miedo a la madre, no proteger a su hija siempre lo considerará un padre cómplice.

Tu padre debe cultivar pautas saludables y estrategias para ti como su hija. Como padre, es responsable de inculcar y reconocer los talentos y fortalezas individuales entre sus hijos. Su papel de alentar la individualidad en ti es una ventaja. La madre narcisista no borrará deliberadamente su sentido de sí mismo, pero podría desanimarlo a terminar complaciendo a las personas y, al mismo tiempo, a que el se sienta menospreciado cuando no actúa de acuerdo con sus expectativas narcisistas.

Tu padre debe expresar un amor continuo y constante para aumentar la autoestima positiva. Un narcisista, está tan absorto en sí mismo en la medida en que no proporcionan pautas sobre cómo construir sobre la autoestima de los hijos. Para asegurarte de que está en el camino correcto, el padre debe:

- Asegurar de dar adoración y reconocimiento que no dependan necesariamente de logros o comportamiento, por ejemplo, "Eres tan inteligente", al menos para que se dé cuenta de tus buenos rasgos.
- Ofrecer elogios honestos y genuinos cuando haces algo encomiable. Ayuda a compensar los sentimientos negativos que pueden ser influenciados por la madre narcisista.
- Adapta sus comentarios para que puedas sentirte mejor que los demás. Por ejemplo, eres especial "para mí" en comparación con la chica más especial del mundo.

Un padre cariñoso debe brindar oportunidades para desarrollar la autoconfianza. Esto puede alterar la autoestima que puede madurar de un padre o madre narcisista que le comunica a un niño cuán indigno es él/ella, a menos que hagan las cosas de acuerdo con sus términos. Deben proporcionar un entorno donde el niño pueda adquirir habilidades y aumentar la confianza. Por ejemplo, inscribirlo en movimientos o clubes interesantes y alentarlos a disfrutar de una nueva actividad creativa o un nuevo deporte.

Permitir ver los errores con una perspectiva u oportunidad de aprendizaje: los errores cometidos son una forma segura de mejorar y crecer. Animar a los hijos a evitar ser perfeccionistas. Hacerles saber que el fracaso es normal y que hay margen de mejora. Aplaudir su decepción como una vía para crecer. Confirmar que muchas personas exitosas fracasaron y cometieron errores para llegar a donde están y donde sea posible, busque artículos sobre el fracaso y el éxito y también dar ejemplos.

Por otro lado, felicitar los éxitos y logros, pero no excederse, ya que esto puede ejercer presión para mantener el estado y esto hará que el niño no salga de su zona de confort. Rodear a los hijos con la confianza de los adultos: el claro déficit de que los hijo no puedan conectarse con la madre narcisista podría sentirse mucho. Por lo tanto, un padre como modelo a seguir para el niño puede equilibrar esto. Sin embargo, puede ser una gran idea presentar a otros adultos optimistas y confiados para ofrecerles aliento y también un oído atento.

Se necesita una comunidad para criar a un niño. Por ello es vital que se comunique con adultos en la comunidad que pueden establecer relaciones decentes con los hijos, como maestros, líderes/asesores espirituales, familiares y consejeros. Hacerle saber a su hijo que en caso de que él/ella no se sienta cómodo acudiendo al padre todo el tiempo con su problema, hay alguien por ahí que puede asumir su problema y lo escucharlo.

Prevención de rasgos narcisistas en niños

Para evitar criar hijos narcisistas, el papel del padre debe ser capaz de evitar que los rasgos se transfieran a sus hijos. Para garantizar que esto no suceda.

Ayudar a su hijo a desarrollar empatía. La mayoría de los narcisistas carecen de empatía y definitivamente es uno de los rasgos más notables. Para dejar de ser egocéntrico entre los niños y evitar que estos comportamientos se intensifiquen y se conviertan en narcisismo patológico, el padre podría querer aumentar la importancia de relacionarse con los demás. No importa la edad que tenga el niño, pero trata de que quepa en los zapatos de alguien, ya que de eso se trata la empatía. Les permite poder aumentar la capacidad de considerar las emociones de otras personas.

Involucra a los hijos mientras ve la televisión y también conoce cómo es su escuela, comparten incluso sobre un estudiante que está siendo intimidado en la escuela, intenta averiguar cuál es su posición con tal tratamiento.

Enfatiza en tener amigos genuinos– La importancia de desarrollar relaciones no tóxicas es muy vital. Para los narcisistas, tener amigos y conocidos es puramente un medio para un fin. Raramente tienen verdaderos amigos. Como modelo a seguir, el padre debe intervenir para evitar que elijan este rasgo poco saludable y exploten también en sus compañeros.

Inspiran a sus hijos a tener amigos de orígenes muy diversos que no promuevan el estatus personal en la sociedad y que sean dignos de quienes son y no de quienes conocen. Como ventaja adicional, les permiten aprender cómo resolver conflictos de una manera accesible, cómo compartir y ser leales.

Nota cualquier ocurrencia de manipulación y explotación- Uno podría experimentar la prueba de los tiempos, especialmente cuando los niños están involucrados. El padre debe tratar de no pasar por alto el comportamiento negativo al establecer el listón para desarrollar relaciones positivas y empatía. Tomemos, por ejemplo, cuando su hijo quiere manipular a un compañero cuando juega. Se le sugiere al niño que se ponga en el lugar del amigo y pregúntele cómo se sentiría si le hicieran lo mismo. Fomenta la amabilidad preguntándole a su hijo qué buena acción hizo por alguien. Permite adquirir el hábito de hacer actos anónimos de amabilidad, donde el reconocimiento no es la primera prioridad para ellos. Además de esto,el padre fomenta el voluntariado que construya su empatía por otras personas.

Consultar con un consejero -Es muy lamentable porque los hijos de narcisistas también corren el riesgo de desarrollar esta característica de personalidad. Si su hijo adolescente exhibe ciertos rasgos, como usar o explotar a otros, ser un acosador y carece de empatía, entonces es apropiado que el padre abogue por ayuda profesional antes de que sea demasiado tarde. Un terapeuta profesional puede trabajar con su hijo para determinar las causas fundamentales del narcisismo y desarrollar mejores comportamientos relacionales.

Capítulo 5

Capítulo 5: Cómo la maternidad narcisista afecta la vida entera de su hija

Lo que desarrollamos en las relaciones que nos rodean y cómo lo arreglamos es el principal determinante de en quién nos convertimos. Esta es la base fundamental de cómo nace nuestra personalidad. En este caso, desarrollar una personalidad bajo el cuidado de una madre narcisista puede provocar numerosos efectos secundarios para una niña inocente. Una niña que crece bajo una madre narcisista inevitablemente carecerá de aprobación, reflejo, aprobación y amor. Le faltará confianza en sí misma y siempre se sentirá insegura. Esto es simplemente porque su madre narcisista es incapaz de amar o ver a su hija con un ojo materno. Una padre o madre normal y amoroso querría saber todo sobre sus hijos y siempre estará fascinado por cada pequeño matiz del comportamiento y personalidad de cada uno de ellos.

Una madre funcional celebra la singularidad de su hija que le da coraje y autoestima por lo que realmente es. Empero, para una madre narcisista, ella siempre percibirá a su hija como su propiedad y una extensión de su ego. Ella cree que su hija debe ser un reflejo de sí misma y que siempre le pertenecerá. Lo que es peor, la madre narcisista ve a su hija como una molestia y una carga cada vez que no cumple con sus reglas y la maltratará o castigará terriblemente, lo que afecta significativamente todo el bienestar emocional y físico de la niña. Una madre narcisista nunca verá a su hija por lo que es y la hija nunca será respetada. Más a menudo, la madre disfruta y explota a su hija basándose en lo que la hija puede hacer por ella o cómo la hace ver frente a los demás.

¿Cómo una madre narcisista trata a su hija?

Ella no mantiene ni respeta los límites entre ella y su hija:

Los efectos de una madre narcisista son más críticos para su hija que para su hijo. Esto se debe simplemente a que las hijas pasan más tiempo con sus madres y las consideran su modelo a seguir. Sin embargo, las madres narcisistas consideran a sus hijas como una amenaza y se anexan a sus propios egos. Ella critica y dirige a su hija como un mecanismo para darle forma a su yo idealizado. Además de esto, no solo proyectan sus aspectos no deseados, como la frialdad, el egoísmo, la obstinación, sino también los rasgos desagradables de sus propias madres. Como resultado, el control tóxico y la vergüenza afectan la identidad en desarrollo de una niña que la hace sentir insegura. Siente que es difícil confiar en sus propios impulsos y sentimientos y termina pensando que es su culpa que su madre no esté contenta con ella. En casos extremos de maltrato físico y emocional, la hija siente que es una carga para su madre como si no tuviera derecho a existir e incluso lamentar haber nacido. También, vale la pena señalar que si el esposo de una madre narcisista no es narcisista, entonces él es pasivo y no puede proteger a su hija del abuso materno. Algunas madres pueden esconderse o incluso mentir sobre su abuso y, por lo tanto, su hija nunca aprenderá a ponerse de pie y protegerse. Encontrará dificultades para reconocer los malos tratos más adelante en el futuro e incluso cuando lo haga, siempre se sentirá indefensa.

Ella siempre somete a su hija a la vergüenza tóxica: Una hija criada por una madre narcisista rara vez se siente aceptada por ser ella misma. Se enfrenta al dilema de sacrificarse o elegir entre los amores de su madre y, como resultado, un patrón de abnegación y acomodación se repite como codependencia en sus relaciones adultas. La madre narcisista rechaza el verdadero yo de su hija, lo que finalmente hace que la hija también se niegue a sí misma. Esto hace que la hija tenga vergüenza de que su verdadero yo, que es aceptable y desagradable a su vez. Se pregunta por qué y cómo vale el amor, pero su propia madre no lo reconoce. Normalmente, de igual manera una madre debe amar a su hija y la hija debe amar a su madre. Sin embargo, la vergüenza de la hija se ve agravada por el odio y la ira hacia su madre, que nunca comprende por qué. Ella cree que todas las críticas de su madre son ciertas y que su maldad es irresistible para todos. Ella nunca se siente lo suficientemente bien para su vida y la ve como una vida sin satisfacción y esfuerzo constante. Sin embargo, dado que se debe ganar el amor, es probable que el patrón se repita en sus relaciones adultas.

Ella se asegura de que su hija no esté disponible emocionalmente: Para la hija de una madre narcisista, la cercanía y la comodidad proporcionadas naturalmente por el cuidado y la ternura materna están ausentes. La madre narcisista podría ofrecerle todas las necesidades físicas necesarias a su hija, pero la dejará desamparada emocionalmente. Lamentablemente, la hija nunca se da cuenta de lo que le falta y busca constantemente la calidez y la comprensión de su madre de que es testigo o experimenta con sus amigos o familiares en otras relaciones madre e hija. Ella siempre está buscando una conexión evasiva, pero nunca aprende a identificar y valorar sus necesidades emocionales o cómo puede satisfacerlas. No obstante, ella siempre siente que falta algo dado que es incapaz de consolar o nutrirse. Cada vez que intenta completar otras relaciones, el patrón de indisponibilidad emocional la persigue

Ella siempre está en control: La madre narcisista es siempre miope. Establece las cosas y se asegura de que el mundo gire a su alrededor. Manipula y controla abusivamente las elecciones, sentimientos y necesidades de su hija siempre que puede. Basado en el concepto de auto-participación, la madre narcisista tenderá a descuidar y privar a su hija mientras se concentra en sí misma y en sus hijos. Las madres narcisistas consideran a sus hijas como una extensión de sí mismas y, por lo tanto, viven a través de ellas. Deciden qué vestimenta llevará su hija y esperan que se comporte de la manera que le gusta. También eligen para ella el tipo de trabajo, pasatiempos o novios al que les guste, todo lo cual es para su propio bien. Critican severamente y prohíben los intereses de sus hijas y no les importa lo que quieran o deseen. Subestiman la capacidad de la hija para pensar, comprenderla y lo que quiere perseguir. Como resultado, esto mata la autoestima de la hija, donde crece creyendo que no es digna e incapaz de decidir por sí misma. Si la hija no se da cuenta de que se trata de un abuso completo y se somete a la terapia o el tratamiento necesarios, siempre buscará ayuda o aprobación de los demás cuando tenga que tomar una decisión que normalmente podría haber tomado ella sola.

Ella siempre está compitiendo con su hija: Como una madre narcisista cree que ella es la mejor en todo, crea una fuerte competencia con su hija por el amor del esposo o del hijo. Se niega a proteger a su hija si, por casualidad, se aprovecha de ella. Llega a los extremos e incluso menosprecia o restringe a los novios de su hija porque, según ella, no son lo suficientemente buenos, pero todavía competiría con ellos para buscar la atención de su hija. Además, invade la vida privada de su hija y socava las relaciones existentes con familiares o amigos solo para asegurarse de que ella tiene el control y la prioridad número uno en la vida de su hija.

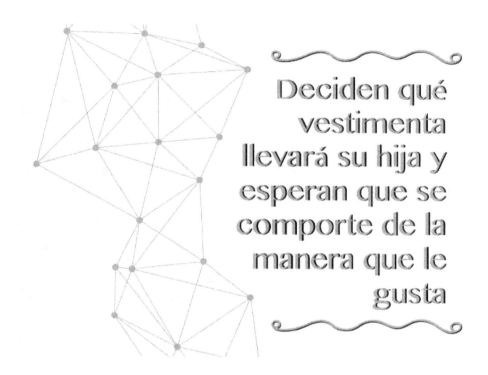

Deciden qué vestimenta llevará su hija y esperan que se comporte de la manera que le gusta

¿Cómo afecta el comportamiento narcisista a la relación madre-hija?

Dado que los narcisistas poseen un sentido inflado de autoestima su identidad se basa en la aprobación y el elogio de otros. Por lo tanto, una relación con una madre narcisista será superficial y la madre se centrará en cómo su hija reflexiona sobre de ella, teniéndo poco o ninguna empatía hacia las experiencias de su hija. Es aún más triste darse cuenta de que una madre siempre actuará como el primer amor de su hija y debería llevarla al mundo real al cuidarla y mostrarle su amor infinito.

Por otra parte, las hijas criadas por este tipo de madres apenas se dan cuenta de que fueron criadas por narcisistas e incluso temen confrontarlas y pedirles que busquen ayuda médica. Hay estudios que han demostrado que ser criada por una madre narcisista puede tener un daño físico y emocional negativo significativo para el bienestar de la hija, lo que, a su vez, afecta toda su vida y sus relaciones adultas. Las hijas terminan sintiéndose traumatizadas, indignas, desagradables, y siempre encuentran problemas con su autoestima y confianza sobre problemas que, de lo contrario, podrían manejar con facilidad. A continuación se presentan algunos de los efectos más comunes encontrados en hijas criadas bajo madres narcisistas.

Han deteriorado la inteligencia emocional: La hija de una madre narcisista se separa de sus propios sentimientos y pensamientos a través de su lucha por ganarse las emociones de su madre. Esto puede ser crítico de tal manera que incluso tendrán problemas para identificar y nombrar sus emociones y, como resultado, terminan perdiéndose de vista. Cuando la hija queda atrapada en cumplir el papel de una buena hija, se ve sometida a la presión extrema de hacer que defienda narcisistamente a su madre para sentirse y verse bien. La hija se esfuerza tanto en la infancia como en la edad adulta para satisfacer estas necesidades a través del rendimiento, el logro y el mantenimiento del buen comportamiento. Su primera prioridad siempre es hacer que su madre parezca una gran madre, en lugar de su crecimiento emocional personal y la independencia de sus necesidades. Al crecer, la hija toma el papel de hacer que su madre se sienta especial, relevante y necesaria. Sin embargo, no importa los esfuerzos que haga para asegurarse de que su madre siga siendo primaria en su vida, su madre narcisista nunca los reconocerá.

Nunca desarrollan una verdadera autoestima y autoestima: Para cualquier niño, se espera que su autoestima aumente mientras él/ella mientras todavía está en la niñez . Cuando un niño está bien cuidado y se le muestra amor verdadero, esto puede denominarse como un ambiente seguro y perfecto donde el niño puede desarrollar cómodamente su autoestima. Sin embargo, cuando una niña siente que su madre nunca está allí para ella, difícilmente desarrollará su autoestima y esto parece construir una casa de arcilla blanda en lugar de ladrillos. Las hijas de la madre narcisista pueden luchar con lo que sea que tengan para construir su autoestima, pero si su madre no le proporciona los materiales necesarios, entonces las posibilidades de éxito son mínimas. También, es evidente que los niños que crecen en familias unidas y de apoyo desarrollan un mejor sentido de quiénes son y de dónde vienen. Por el contrario, a las hijas criadas por madres narcisistas nunca se les permite ser ellas mismas y su trabajo principal es complacer constantemente a su madre narcisista haciéndolas sentir mejor consigo mismas.

De esta manera, luchan por saber realmente quiénes son, qué valoran y si tienen amor y respeto. Esto influyen significativamente en su autoestima y cuando se encuentran con un problema difícil del mundo externo, optan por pedir ayuda, incluso si están en condiciones de tomar la decisión. Una madre normal diría: "Te amo por lo que eres y eres único", lo que realmente quiere decir es lo opuesto. Sin embargo, una madre narcisista solo valida los logros de su hija que la hacen verse bien a ella. Dado que esta es solo una versión falsa y empobrecida del amor, la hija tendrá dificultades para diferenciar entre los dos y en sus futuras relaciones, preferirá el amor que funciona de manera similar. Con la expectativa de ser sorprendida de nuevo, hará algunas cosas como una forma de hacer sentir bien a su madre, pero esto terminará con decepciones ya que el mundo no funciona de esa manera.

Siempre tienen problemas de confianza y su capacidad para responder a las amenazas se ve afectada: Vivir con una madre narcisista puede ser muy complicado. La madre espera constantes adulaciones para sentirse bien consigo misma, por tal razón, se vuelve abusiva y agresiva con mayor frecuencia cuando la hija no logra complacerla. Ella presenta el abuso a través de la tortura emocional, mental o física, o los tres por completo. En esta familia, la hija es como caminar siempre sobre cáscaras de huevo donde es más cautelosa para no molestar a su madre que hacer lo correcto. Todos en la familia, incluido el padre habilitador, aprenden a inclinarse ante esta falla de control narcisista que puede resultar en un infierno en la tierra. Sin embargo, crecer en este entorno no le ofrece al niño la oportunidad de lidiar correctamente con el estrés. Las hijas de las madres narcisistas son siempre hiperactivas y responden con conflictos o críticas, y en la mayoría de los casos, sus pares las etiquetan como "sensibles". Estas clasificaciones siempre son irritantes, ya que la hija narcisista cree que así es como deben manejarse las cosas. Como consecuencia, sus sentimientos terminan siendo heridos nuevamente, lo que le da la sensación de que tal vez su madre narcisista tiene razón, "ella nunca es lo suficientemente buena".

Además, vivir con una madre narcisista rompe por completo el sentido de confianza de su hija, y tal vez por el resto de su vida. Es triste darse cuenta de que una niña ni siquiera puede confiar en su propia madre. Esto significa simplemente que no puede confiar en nadie más que venga en su vida. Es una lección difícil de una madre narcisista que la hija apenas puede desaprender u olvidar. Los hijos de una madre narcisista llevan una experiencia miserable con su madurez, lo cual, les resulta difícil olvidar que fueron criados por una madre narcisista, pero la buena noticia es que pueden confiar fácilmente el uno en el otro o confiar en sus amigos, lo cual no es algo simple y fácil. para ellos.

Dificultad para criar a sus propias familias con empatía: Los hijos siempre aprenden a ser padres observando las cualidades parentales de sus padres. Encuentran que cualquier cosa con la que fueron criados es algo natural y normal. Las hijas criadas por una madre narcisista les resultará difícil ofrecer a sus hijos momentos encantadores, como sentarse y tener una conversación individual con ellos, ser pacientes con ellos y ofrecerles toda la atención y el amor que necesitan porque nunca experimentaron tal mientras crecían. Para una madre narcisista, su deber es atender las necesidades físicas de su hija. No tiene idea de cómo atender las necesidades emocionales de su hija y, en lugar de fomentar una autoestima saludable y amor hacia sus hijos, primero pone sus propias necesidades y su importancia emocional. Como resultado, los niños siempre se sentirán inadecuados, como si nunca fueran buenos para sus padres o para cualquier otra persona.

Además, algunas madres fallan en proveerles a sus hijas, sus necesidades físicas. Parecen tan egoístas de una manera que no pueden imaginar darles a sus hijas lo más mínimo. Otras simplemente están motivadas por la perspectiva de su familia y piensan que una chica inteligente bien vestida es un reflejo de sí mismas y de su éxito. Sin embargo, el hecho de que la hija de una madre narcisista esté bien vestida con los mejores juguetes de la ciudad no significa simplemente que sean amados. Los rasgos aprendidos por la hija narcisista durante su crecimiento también tendrán efectos adversos cuando se convierta en madre. Se ve obligada a creer que el abuso es otra forma de amor y que hay que hacer algo para ganarse el amor. Aunque no del todo, es probable que tales cualidades atormenten a la hija mientras cría a su familia.

La hija siempre es infeliz pero nunca comprende por qué: Debido al maltrato hipócrita y al control de la madre narcisista, la hija siempre está triste, piensa constantemente que algo anda mal, pero nunca conoce la causa de su tristeza. Ciertamente, es normal que los niños asuman que todo lo que sucede en su hogar sucede en todas partes, lo que en el sentido real está muy mal. Esto es muy cierto en el caso de una madre-hija narcisista que siempre pone los ojos y la esperanza en el premio para ganar los rastros de atención de su madre que sustituyen el amor y la atención. En cambio, la hija se ciega y rara vez nota que lo que está persiguiendo no es amor absoluto, y esto no es lo que sucede con otras familias.

Se siente incómoda siendo íntima: Las hijas de madres narcisistas a menudo se preguntan si son realmente encantadoras. Están acostumbradas a la vida de ser menospreciafas donde las madres narcisistas refuerzan su superioridad al disminuir el valor de su hija. Cuando la hija de una madre narcisista está en el mundo, siempre se siente incómoda con el compartir o la verdadera intimidad, porque esto es algo completamente nuevo a lo que no está acostumbrada. Percibirá la cercanía como hacinamiento y una amenaza hacia su independencia o, alternativamente, se verá vulnerable según su estilo de apego. Como resultado, cree que el amor es una transacción que siempre está sujeta a condiciones, por lo que nunca es confiable y siempre se protegerá. En casos particulares, los resultados son fructíferos y la hija narcisista encuentra personas en las que realmente puede confiar.

Ella rechaza fácilmente y es demasiado sensible: Una madre narcisista somete a su hija a experimentar los principios de la maternidad abusiva haciéndola creer que el único camino hacia una buena vida es obedeciendole a ella. Por lo tanto se asegura de que aprenda que las consecuencias de desagrarla o decepcionarla en algo pueden ser fatales. A medida que la hija crece desde la adolescencia hasta la edad adulta, sigue buscando la validación de su pareja y amigos, pero siempre es sensible y es cautelosa ante cualquier pequeña probabilidad de negación o rechazo. La hija también podría terminar creyendo que el naltrato es realmente atractivo porque se crió creyendo que es amor. Las madres narcisistas solo dicen "Te amo", pero simplemente no lo dicen en serio. Usan la frase como una forma cruel de control que hará que la hija se sienta culpable por traicionar a una madre que la ama.

Ellas resultan ser completamente una alfombra: Para llamar la atención que necesita, una madre narcisista pisotea a toda la familia para expresar sus deseos sin preocuparse por las necesidades de los demás. mientra que, un niño adulto crecido bajo una familia narcisista reacciona de forma exagerada y se levanta con un mensaje que nadie debería percibir de tal manera. A pesar de que podrían haber llevado toda su vida creyendo que sus necesidades no importan, en algún momento se dan cuenta de cualquier manera, que nadie debería andar en tales creencias solo para satisfacer las necesidades de una madre narcisista, pero nunca tienen la menor idea de cómo expresarlas. Les resulta difícil mencionar "Tengo mis necesidades personales" o "Yo importo" porque esto también se sentirá narcisista. Es divertido darse cuenta de que aquellos que luchan tan duro para no ser un padre narcisista eventualmente terminan siendo uno.

Capítulo 6

Capíto 6: Relación entre una madre narcisista y su hija

Las relaciones saludables se basan en la seguridad, mientras que las no saludables están llenas de infidelidad, incertidumbre y provocación. Las madres narcisistas crean triángulos amorosos entre ellas y sus hijas y aportan las opiniones de otras personas para justificar su propio punto de vista. Lo hacen para jugar a propósito con las emociones de sus hijas y tener un control total sobre ellas. La triangulación implica llevar a otra persona a la dinámica de la relación, ya sea un completo desconocido, un pariente, una amante actual o un ex amante. Una madre narcisista puede usar la triangulación en persona, en las redes sociales o a través de sus propios relatos verbales de la hija. Siempre confiará en los celos como una emoción efectiva que hará que la hija compita por sus afectos. Ella usará frases provocativas como "Desearía que volviera en mi vida" o "Desearía que fueras como ella".

Del mismo modo, la madre se asegura de que las frases estén diseñadas de manera que provoquen o de algún modo maltrate a su hija para que se sienta insegura y compita por su posición en la vida narcisista. Asimismo, te darás cuenta de que los celos se comunican y se tratan de una buena manera en las relaciones saludables. No obstante, una madre narcisista menospreciará tus sentimientos y seguirá apropiándose asuntos sin pensarlo dos veces. Un narcisista usará la triangulación para mantenerte bajo control y mantener el control y asegurarse de que te concentres en su atención cada vez más. Como resultado, nunca notará las señales de alerta en la relación ni saldrá de la relación abusiva. A continuación se presentan algunas de las peores experiencias abusivas y peores a las que se someten las hijas de madres narcisistas a sus expensas solo para satisfacer a su madre..

La madre narcisista se esconde entre su "verdadero yo" y su "falso yo": Una madre narcisista siempre se esconderá bajo la armadura de un "falso yo". El falso yo de una madre narcisista es lo que usa para presentarse al mundo exterior, lo que implica ciertos rasgos y cualidades. Esto te perseguirá como hija para comprender todo el alcance de la inhumanidad y la falta de empatía de la madre narcisista hasta que estés en la fase de descarte. Una madre narcisista siempre dificultará que su hija note su abuso narcisista al ser una persona encantadora, dulce y aparentemente arrepentida poco después del abuso. Ella menospreciará, invalidará y ridiculizará a la hija todos los días. Ella te hará pasar por una disonancia cognitiva mientras intentas conciliar la ilusión que te presentó por primera vez después de sus atormentadores comportamientos. Para superar esta disonancia cognitiva, te culpas por su comportamiento abusivo y tratarás de mejorar mientras no has hecho nada malo.

Como tal, mantendrás tu creencia sobre tu falso yo narcisista durante la fase de devaluación.

Sin embargo, la narcisista revelará su verdadero yo en la fase de descarte que conlleva una personalidad abusiva-abrasiva que ha usado contra ti todo el tiempo. Te darás cuenta de su insensible indiferencia y su frialdad mientras estás siendo descartada. Aunque parezca un lapso momentáneo en la humanidad, lo más probable es que nunca te des cuenta del verdadero ser de tu madre narcisista, por el contrario, las madres narcisistas nunca sienten amor o empatía por sus hijas, y en esta fase de descarte, no siente nada por ella, excepto el hecho haberla agotado con su comportamiento narcisista. En este caso, por lo tanto, debes tener en cuenta que, como su hija, que solo estabas acostumbrada y no debes engañarte a ti misma para pensar que la conexión mágica era real. El encanto intrigante y manipulador que existía al principio ya no existe y, en cambio, lo reemplaza con un desprecio genuino que solía sentir por ti todo el tiempo.

La relación se basa en la técnica luz de gas: La mayoría de las relaciones entre una madre narcisista y su hija se basan en ciertas cantidades de luz de gas. Esta es una técnica que la madre narcisista usa para convencer a su hija de que su percepción siempre sea inexacta. La madre siempre identificará sus problemas e inestabilidad emocional, haciéndole sentir a su hija que su abuso es culpa de ella con las fases de devaluación y descarte. A menudo usa frases como "te estás tomando las cosas demasiado en serio", "eres demasiado sensible" y "me provocaste" para confrontar a su hija cada vez que hay un hecho sobresaliente de su comportamiento abusivo que la hará culpable del abuso. Una madre narcisista también es experta en hacerte dudar de ti misma y del abuso. En condordancia con lo anterior, esta es la razón por la cual la mayoría de las víctimas sufren de rumiaciones después de que su relación con un narcisista ha concluido. Esto se debe a que mientras estaban en la relación, sus madres narcisistas las sometieron a la invalidación emocional, haciéndolas sentir impotentes en sus percepciones y manejo. La duda hace que sean vulnerables a las relaciones abusivas porque el narcisista se asegura de que ni siquiera confíen en sus propias interpretaciones e instintos de los acontecimientos.

La madre siente una grandiosa sensación de importancia personal: A una madre narcisista le gusta cuando su ego ha aumentado y constantemente busca la validación del mundo externo para satisfacer su admiración excesiva y confirmar su grandioso sentido de importancia personal. Las madres narcisistas son muy inteligentes y trabajarían una milla extra para complacer a todos e incluso pueden cambiar a cualquier personalidad para adaptarse a diferentes situaciones con diferentes personas. Poco después de la fase de descarte, difamaran una campaña para pintarte como inadecuada e inestable. Ella buscará el apoyo de sus redes que incluyen otros narcisistas, empatizadores, personas complacientes, así como otras personas que están fácilmente encantadas, a menudo, las difamaciones logran tres cosas. Primero, actúa como una estrategia flotante en la que ella constantemente te atrae hacia el trauma de la relación, independientemente de tus esfuerzos por negar las acusaciones. En segundo lugar, te provoca, lo que demuestra tu inestabilidad hacia ella cuando trates de argumentar en contra de su representación de ti. Por último, ella te representa como el abusador o la persona inestable elaborando su abuso o acusaciones.

Altibajos experimentados por hijas de madres narcisistas

Una madre narcisista exhibe un estilo parental negligente, no valido ni enriquecedor. Su estilo es extremadamente disfuncional e interfiere completamente con el desarrollo natural de su hija. Los padres funcionales aceptan fácilmente los rasgos naturales de sus hijos y los ayudan en cada etapa de su fase de maduración. Por ejemplo, cada niño necesita sentirse inmaduro (la capacidad de ser infantil en algún momento), dependiente (capacidad de confiar en su cuidador sus necesidades emocionales y físicas), imperfecto (capacidad de cometer errores sin sentir vergüenza tóxica) , vulnerable (la capacidad de representarse apasionadamente a través del logro académico de los límites parentales exhibidos) y valioso (capaz de autoestimarse en medio de los demás). E cambio, para una familia disfuncional dirigida por narcisistas, algunos aspectos como los comportamientos egocéntricos e infantiles están fuertemente prohibidos debido a la creencia de la madre narcisista de que tales comportamientos interferirán con sus deseos obsesivos de satisfacer sus necesidades y estar en el centro de la atención. Si, por cualquier medio, la hija trata de comportarse de manera natural, por ejemplo, siendo inmadura, dependiente, imperfecta o vulnerable, entonces la madre siempre la confrontará con preguntas como "¿Hay algo malo en ti? Estilizate ". Después de algunas advertencias posteriores, el mensaje finalmente se fortalece, obligando a la niña a gastar sus propios sentimientos y necesidades por su madre.

Estilo de apego entre una madre funcional y su hija

Una base segura y protegida: Para nutrir una personalidad saludable en su hija, una madre funcional establece una base segura donde su hija puede salir de forma segura para explorar el mundo exterior.No obstante, la hija sabe con certeza que si está amenazada de peligro, siempre puede regresar y tranquilizarse si está asustada, consolada si está angustiada y alimentada tanto emocional como físicamente. Para lograr esto, una madre funcional construye un puente interpersonal que se caracteriza por un vínculo de vínculo de confianza entre ella y su hija. De esta manera, ella siempre estará allí para su hija cuando sea necesario y esto le ofrecerá a su hija una base sólida para el crecimiento y la comprensión.

Reflejo: Para alimentar este puente interpersonal entre madre e hija, una madre funcional se asegura de que exista un reflejo incesante verbal y no verbal de su hija. Toma el reflejo como un elemento esencial para el crecimiento de su hija, especialmente en los primeros años de desarrollo, cuando la niña no puede expresarse utilizando el lenguaje y, por lo tanto, requiere la mano de su madre. Como resultado, la niña se sentirá vista y reconocida, y sus sentimientos incrementarán haciéndoles sentir como una persona en desarrollo. Por otro lado, si hay una distorsión con el reflejo, es probable que la niña se sienta invisible y luche por darse cuenta y admitir sus sentimientos y prefiera reconocer lo que otros piensan sobre ellos. La duplicación es, por lo tanto, una herramienta crítica que ayudará a la niña a sentirse vista y comprendida.

Modelos internos de trabajo: Una madre funcional asegurará la repetición constante de las experiencias interactivas de los padres. Cree que las experiencias desencadenarán que su hija desarrolle sus modelos cognitivos interiores y tenga una mejor comprensión del mundo, de sí misma y de los demás. A su vez, sabe perfectamente que estos modelos están arraigados en la personalidad de su hija, por lo que siempre se asegurará de que si la niña es muy devota, un ejemplar confiable, amorosa y receptiva, lo cual, le permitirá a su hija sentir que merece la atención y amor. Por el contrario, reconoce que sí insegura a su hija, ésta desarrollará la noción de que todos los que están afuera son peligrosos y perjudiciales, y deben ser tratados con precaución. Por lo tanto, esto eventualmente hará que se sienta indigna e ineficaz.

El estilo de apego entre una madre narcisista y su hija

Hay cuatro estereotipos de apego que explican el comportamiento de un niño con respecto a su cuidador. Incluyen inseguro-desorganizado, inseguro-ambivalente, inseguro-evitativo y seguro. En nuestro caso sobre el narcisismo, haremos hincapié en la inseguridad ambivalente, que simplemente presenta a una madre cuyas actividades están inspiradas en sus requisitos sensibles en contraste con las de su hija. La afiliación entre una madre narcisista y su hija siempre es impredecible y caprichosa. Con frecuencia, sus estados de ánimo y emociones siempre actuarán como determinantes de cómo trata a su hija o si la abandonará. Por ejemplo, podría decidir despertar a su hija cuando sea hora de dormir con el objetivo de satisfacer su atención y contacto. Esto, a su vez, conduce a un estado de desregulación emocional para su hija que amenaza su sentido de seguridad.

Las madres narcisistas también tratan a sus hijas como muñecas o una obra maestra. La viste y la desfila por todas partes con el objetivo de comunicar el mensaje "Esa es mi hija hermosa. ¿No soy una madre perfecta?". Esto es simplemente usar a su hija como una extensión de sí misma y alimentar su apetito narcisista por la admiración que recibe su hija. Sin embargo, esto es muy confuso para una niña pequeña, ya que representa dos mensajes diferentes; su madre que la confronta con el rechazo y la indiferencia en el amor y la adoración maternal privada y no sincera que recibe de su madre en público. Por lo tanto, la hija busca constantemente una forma de retirarse por seguridad creando una condición de intensa incertidumbre y eventualmente dañando el vínculo de confianza entre ella y su madre narcisista. Como consecuencia, la hija experimentará dificultades para formar relaciones íntimas en el futuro, ya que esto es como sembrar semillas para enredarse.

Además, es extremadamente difícil para las madres narcisistas ofrecer a sus hijas una base segura con buenos cuidados y atenciones. Les resulta difícil formar un vínculo saludable con sus hijas debido al hecho de que su autoabsorción compulsiva les impide expresar su amor genuino e incondicional y la empatía con sus hijos. La verdadera empatía y el amor incondicional son uno de los mejores regalos que los padres pueden ofrecer a sus hijos. Es difícil para la madre narcisista fingir conexión con su hija, ya que su hija eventualmente aprenderá de sus acciones abusivas.Consecuentemente, el sentido de esperanza de la niña se traumatiza, lo que la hará sentir sin importancia, le dará dificultades para confiar en las relaciones íntimas y será abandonada. Por otra parte, es triste darse cuenta de que incluso cuando la hija de una madre narcisista mira la validación emocional en el rostro de su madre, todo lo que puede ver es un reflejo de las expectativas de su madre. La madre usa estas cosas peligrosas, fortalezas negativas y no validación para absorber totalmente el modelo de trabajo interno de su hija.

Por último, la evidencia ha demostrado que algunas madres secretamente narcisistas pueden lograr inculcar un fuerte vínculo de apego y confianza con su hija en sus primeros años de desarrollo porque, en esta etapa, sus necesidades son simples y representan una pequeña amenaza para sus madres. Sin embargo, a medida que el niño crece y lucha por la diferenciación y la autonomía, sus necesidades se vuelven más complejas y su comportamiento se vuelve cada vez más polifacético. Esta conversión es lo que intimida la posición de preeminencia de la madre narcisista y, como tal, luchan por su

poder y control, un proceso denominado "Proceso de inversión".
La madre narcisista refleja a su propia hija que su
comportamiento es egoísta, lo que deja al hija sin opción en
lugar de reprimir todos sus sentimientos y adaptarse a los
requisitos de los padres para defender su respaldo.

Formación de identidad

Autonomía versus vergüenza:

Además de formar un apego saludable, el desarrollo de la
identidad y el ego durante todo el proceso de maduración de un
niño son muy importantes. Ayudan a un niño a mediar entre las
fuerzas de la conciencia y el impulso y finalmente desarrollan un
fuerte sentimiento de autoestima y competencia. Estos aspectos
son cruciales dado que pueden definir a una persona
excepcional con un sentimiento firme de sí mismo a través de
alguna observación y reflexión instantánea. Para que alguien
determine y forme estos dos poderes interiores, debe pasar por
ocho etapas psicosociales a lo largo de su vida. Mientras, para el
narcisismo de los padres, sólo se consideran dos etapas, la
autonomía versus la vergüenza y "la consiguiente virtud de la
voluntad". Dado que el narcisismo de los padres se hace
evidente después de que el niño trata de anunciar su deseo y
trate de alejarse del padre o madre, para explorar el mundo,
estas etapas de desarrollo se consideran efectivas.

Vergüenza tóxica

La vergüenza se puede definir como una emoción humana saludable que se presenta como un margen metafísico para poner en tierra a una persona y hacerla consciente de sus limitaciones. Eso desaprueba nuestros altos deseos de hacer algo recordándonos de nuestra capacidad humana y aptitud para cometer errores. Como sentimiento, la vergüenza puede usar muchas caras que van desde la vergüenza, la inferioridad, la timidez hasta la culpa y, a lo largo de la vida, por tanto las personas cambian de una a otra. Es vital para cualquier persona tener un sentimiento fuerte de autoestima, valor y un sentido seguro de sí mismos para que él/ella acepte sus imperfecciones y el límite. La confianza, el valor y la autoestima se cultivan a partir de una experiencia de apego fuerte y segura.

Cuando una madre le ofrece a su hija límites firmes y considerados, la autonomía para expresar libremente sus sentimientos y amarlos incondicionalmente, lo más probable es que la niña desarrolle un fuerte sentimiento de vergüenza con éxito. Esto simplemente significa que la niña siempre aceptará cuando esté equivocada de manera intelectual. Por ejemplo, dirá, "Hice algo mal", en lugar de "Soy mala". De esta manera, la niña podrá diferenciar la falta separando el comportamiento de sí misma y, por lo tanto, aprender constructivamente de la lección. Sin embargo, cuando la niña sufre un trauma intenso y un apego inseguro, estos aplastarán su autonomía y terminarán con las emociones y sentimientos de una niña. Cabe destacar que en este caso un niño no considera su acción como un comportamiento distinto que debe ser reconocido y no castigado, sino más bien un símbolo que muestra cuán malo, inferior e inútil son porque están sintonizados para creerlo.

Formación de identidad para una hija de una madre narcisista.

En un hogar narcisista, la madre nunca le dará a la hija la oportunidad de desarrollar su propia autonomía de autoconcepto. Ella siempre comentará que la conversión de su hija en las primeras etapas a la adolescencia, es molesta y egocéntrica dado que las necesidades emocionales de los padres ya no se alinean con las de ella. La madre narcisista realiza varias estrategias para destruir esta demanda que influirá en la experiencia de vergüenza de su hija de una manera tóxica. Por ejemplo, si el niño comete un error y siente vergüenza normal, una madre narcisista no la alentará a ella ni a su incapacidad para manejar el problema de manera adecuada a las necesidades de la niña.

Como tal, la niña experimentará la sensación de ser abandonada y así convertir la vergüenza saludable en vergüenza tóxica.

Además de esto, estos interferirán significativamente con el punto de vista personal de la hija y poco después, un conjunto de actitudes, creencias y opiniones negativas seguirán reforzando la creencia de que la hija es una persona defectuosa. Una niña herida por narcisismo tiene grandes posibilidades de heredar dichas características sin límites y vergonzosas de sus padres e internalizarlas en su ser profundamente. Finalmente, las experiencias auditivas y visuales de vergüenza quedarán grabadas en la memoria de la niña y, a medida que pase el tiempo, generarán una gran colección de experiencias embarazosas. Las experiencias pueden iniciarse en cualquier momento en sus etapas posteriores.

Diferenciación en un hogar narcisista:

De los capítulos anteriores, es evidente que se espera que una hija narcisista herida tenga un vínculo de conexión inseguro y delicado y, por lo tanto, una singularidad fracturada y basada en la vergüenza. No obstante, es importante tener en cuenta que su aptitud diferenciadora se basará también en las expectativas y necesidades de los padres. Por ejemplo, una madre narcisista negará la expulsión de su hija con fuerza para asegurarse de que siga actuando como una extensión de ella misma y, por lo tanto, mantenga una imagen debil. Siguiendo el anhelo de comprender la aprensión, asegurar un cierto nivel de amor de los padres, minimizar los sentimientos de vergüenza tóxica y llenar el vacío de sí mismas, las hijas de los padres narcisistas siempre están encerradas en un sistema familiar sofocante y enredado donde deben hacer lo que son. anticipado y transmitir la carga emotiva.

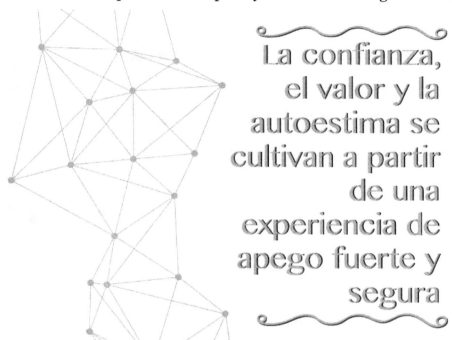

La confianza, el valor y la autoestima se cultivan a partir de una experiencia de apego fuerte y segura

Capítulo 7

Capítulo 7: Tratamiento para hijos de madres narcisistas

Los niños necesitan ser apreciados, conocidos, escuchados, sentidos, vistos e incluso adorados por quienes son con la muestra de amor más alta. El mayor legado que sus padres pueden ofrecerles es dándoles amor incondicional. Esto los hará sentir celebrados incluso cuando sus padres ya no estén y tengan un alta autoestima y un fuerte sentimiento de amor propio. Por otra lado, una madre narcisista expulsa los problemas de su hija, omite las emociones de su hija y se ocupa de ella. Los padres normales dejan de lado sus propios sentimientos para servir a sus hijos ayudándoles a reflejar sus sentimientos y comprender sus experiencias. Con una madre narcisista, el espejo se invierte y la madre narcisista siempre requerirá que su hija la refleje. Los narcisistas siempre son molestos, vanidosos, mezquinos e incluso patéticos. Son instrumentos potenciales capaces de destruir las emociones de quienes los rodean. Incluso si son solo algunos rasgos, los aspectos narcisistas pueden ser perjudiciales para la personalidad y pueden afectar toda la relación entre una madre narcisista y su hija.

Antes de comenzar el viaje a través del proceso de curación, es importante llorar la pérdida de una madre que nunca se tuvo. Una narcisista nunca fue el madre que se quería, que priorizaría tus necesidades ante las suyas. Por lo tanto, es necesario tener en cuenta que una madre narcisista no se convertirá en otra cosa y te dará lo que deseas. Aunque pueda evolucionar y crecer, nunca crecerá lo suficiente para satisfacer tus necesidades más profundas. Por lo tanto, será importante que aprendas cómo manejar tus expectativas, especialmente cuando sea testigo de las relaciones de otros padres saludables que desearías tener. Acepta tu tristeza, enojo y sentimientos, dado que tu madre era limitada y no podía ofrecerte amor o empatía incondicional. Más importante aún, permite que tus emociones se muevan a través de ti y aceptes el hecho de que perdiste la oportunidad de ser verdaderamente nutrida por tu madre. Aceptar que creciste bajo una madre narcisista en lugar de negarlo, lo cual, es el primer paso para que abras tu corazón a la sanación. A continuación se detallan algunos de los pasos que ayudarían a un niño/niña que sufre bajo el cuidado de una madre narcisista.

Sanando y aprendiendo a vivir con una madre narcisista

Aprende sobre el narcisismo: El primer y más importante paso de la sanación de una madre narcisista es aprender sobre el trastorno del narcisismo en sí. Esto te ayudará a comprender con quién estás tratando, y reconocer cómo te trataron no fue su culpa. Será necesario que te separes emocionalmente de la madre que te maltrató y te dominó toda tu vida y que ahora hace hincapié en su propio hermoso ser. Asimismo, es importante aprender que tus padres nunca cambiarán. Te darás cuenta de que trabajaste en sus términos toda tu vida y ahora será un buen momento para comenzar a lidiar con los tuyos.

Reconoce que ella no cambiará: Aunque es desafiante, reconoce que tu madre narcisista nunca cambiará sin importar que los esfuerzos puedan ayudar significativamente a tu sanación. Es importante tener en cuenta que, incluso si la madre narcisista encuentra un camino hacia su propia cura, esta bien, pero siempre ten en cuenta que no lo hará. Las madres narcisistas nunca cambian, y cada vez que actúan bien, lo más probable es que sea una maniobra de manipulación. Es natural seguir esperando que el amor incondicional sea aparente, pero, para una madre narcisista, esto es falso y solo te hará vulnerable al abuso y te perseguirá para que no sigas adelante.

Reconoce el papel de tu padre narcisista: Tener una madre narcisista significa que también tienes un padre habilitador. Esto simplemente significa que, además del comportamiento narcisista de tu madre, tu padre simplemente lo normaliza y lo sostiene. En algunos casos, el padre habilitador también podría actuar como un "mono volador" y ayudará a la narcisista con su trabajo sucio, perpetuando y tolerando su abuso. A pesar de que el padre se siente víctima de los hechos, nunca reconocerán el abuso ni protegerán a sus hijos, lo que los hace completamente explícitos. Siempre es difícil perdonar al padre habilitador, pero es cada vez más difícil perdonar a la madre narcisista. TPN es un trastorno de personalidad que se forma en la primera infancia principalmente a partir de una privación devastadora. A pesar de que la madre narcisista actúa como un monstruo, es posible que culpes más al padre habilitador. Sigues preguntándote por qué permitió que tu madre te maltratara toda tu vida, lo que te hará sentir traicionado por su complicidad.

Identifica sus roles en la familia: Identifica cómo fuiste clasificado en la familia. ¿Eras el chivo expiatorio o el niño dorado? ¿Actúas como un mono volador a veces? Para una familia narcisista, los roles son siempre fluidos dependiendo de la agenda de la madre narcisista. Puedes desempeñar tanto el papel de un hijo chivo expiatorio como el hijo dorado según la situación. Como la madre narcisista siempre tiene el control, crea divisiones entre los miembros de la familia para asegurarse de que el chivo expiatorio se sienta aliviado por el padre y el resto de la familia. Siempre se sentirá traicionado, pero debes tener en cuenta que habías estado envuelto en un sistema durante toda tu vida dirigido por una madre narcisista. También, la forma más efectiva de defenderse contra la madre narcisista es unirse contra ella. Al estar de acuerdo con los otros miembros de la familia, puede ser fácil reducir el abuso por parte de la madre narcisista, que también será una validación de que nunca mereció lo que había pasado. Sin embargo, si los otros miembros de la familia no están de acuerdo con su colaboración, entonces todo lo que necesita hacer es protegerte y limitar tu contacto.

Afirmar límites: Un narcisista siempre violará los límites. Ella siempre ve a sus hijos como una extensión de sí misma que debe controlar y manipular. Cuando tu título es el de hijo dorado en la familia, tu papel es reflexionar sobre los deseos de la madre narcisista de proyectar el mundo. Cuando se te asigna el papel de chivo expiatorio, tu papel es culpar a los problemas familiares, manejar responsabilidades irrazonables y soportar el abuso narcisista más crítico. Sin embargo, como hijo de un narcisista, siempre serás objetivado y nunca obtendrás respeto con tu propia identidad. La madre siempre describirá lo que siente o piensa y esperará que cumplas con su versión de la realidad, independientemente de lo dañino, falso o absurdo que pueda parecer el asunto. Es importante tener en cuenta que una de las mejores maneras de protegerse es estableciendo límites saludables entre la madre narcisista y tu. Aunque esto podría resultar una tarea difícil que requerirá compromiso y tiempo, cuando se realiza con éxito, realmente puede ayudar a tu sanación interior.

*Sintoniza tus sentimientos:*Un padre narcisista lte entrenará sistemáticamente para ignorar tus sentimientos, incluso hasta el punto de odiarlos o incluso temerlos. Está claro que tus sentimientos parecen ser una amenaza directa para un narcisista porque es probable que entren en conflicto con sus demandas, creencias o lo que la persona narcisista necesita. Para cualquier familia dirigida por una madre narcisista, lo único que importa son sus sentimientos, mientras espera que todos los demás sean sublimados o, de lo contrario, los destruirá a través de la ira, la vergüenza, el ridículo y muchas otras formas de ataques abusivos. Sin embargo, volver a conectar con tus sentimientos es una de las formas más efectivas de sanar. Tus sentimientos siempre están ahí. Siempre han estado allí y al dejarlos entrar y escucharlos, te ayudarán a ubicarte y sacarlos del mundo narcisista de hechos alternativos. Dado que la madre narcisista había violado y abusado de tus sentimientos durante todo el proceso, este proceso conllevará una ira y un dolor intensos. Una madre narcisista incluso te culpará por sus emociones y motivos en bancarrota o incluso te acusará de su propio comportamiento abusivo. Esto te confundirá con lo que ella te hizo creer versus lo que realmente sientes. Sin embargo, es importante ser paciente y estar en sintonía con tus propios sentimientos. Evita juzgarte porque los sentimientos son sentimientos y merecen respeto y reconocimiento.

Identificar la competitividad: Las madres narcisistas siempre perciben a sus hijas como la competencia. Ella siempre se centrará más en su hija que en su hijo, y siempre la considerará como una extensión y un reflejo de sí misma en lugar de una persona con su propia identidad. Para encontrar la salida, debes separar tu propia identidad de la de tu madre narcisista. Esto siempre es difícil y complicado incluso cuando creces, y crees que ahora eres independiente. Aunque, como hija, te das cuenta de que todo lo que quiere es tu perfección, vale la pena señalar que esto no debería llegar al punto de eclipsarte. La competencia también podría extenderse a través de tu juventud y sexualidad, y los hechos han demostrado que esto parece ser una amenaza directa para una madre narcisista. En cambio, no es así como estamos preparados para ver a nuestras madres, especialmente cuando se ven bien y atractivas desde afuera, pero es la parte clave del comportamiento materno narcisista. De esta manera, cuando tu madre narcisista te confronta con la competencia, solo asume que es tu competidor en la escuela quien es derrotado y no lo acepta. Eventualmente, te protegerás de lastimarte e incluso ganarás más coraje para lidiar con esta situación.

Evita culparte: En los casos en que has sido el chivo expiatorio de la familia, lo más probable es que se culpe automáticamente y siempre te sienta culpable por las cosas que están más allá de tu responsabilidad o control. Las madres narcisistas son profesionales en proyectar y desviar la culpa hacia los demás y si se enfurecen contra ti y te resistes, entonces dirán que las atacaste. Cambiarán todo para culparte. Si por casualidad te golpearon, y luego se dieron cuenta de que estaba mal, entonces dicen que fuiste tú quien motivó a hacerlo. A pesar de ello, evita culparte a tí misma es una de las formas más efectivas de romper la dinámica poco saludable de la familia. Para empezar ten en cuenta siempre que nunca fue tu culpa o incluso responsabilidad.

Deja de hacerte daño: Además de culparte a ti misma, también tendrás que terminar con los patrones de abuso formados. Ser criada por una madre narcisista te expone a algunos comportamientos destructivos, auto-castigadores y arriesgados, como la búsqueda de emociones, autolesiones, abuso de sustancias y adicciones. El comportamiento autodestructivo en ti es un reflejo del abuso que sufriste mientras estabas creciendo, que es simplemente lo opuesto a la externalización de tu dolor por parte de tu madre. Mantenerte al día con este comportamiento es como darle al narcisista más poder para abusar más de ti. Además, también exasperara el trauma fisiológico y emocional que ya has sufrido. Es muy difícil romper los patrones ya existentes de autolesión y adicción, pero incluso si este es el caso, debes buscar ayuda de personas que entiendan la dinámica del narcisismo.

Trace your attractions with the narcissist: Para empeorar las cosas, la mayoría de los niños adultos criados por madres narcisistas son vulnerables a relacionarse con narcisistas más allá de su familia, que incluyen jefes, amigos o incluso parejas. Es importante tener en cuenta que el cuerpo humano aprende de su forma de curación cuerpo-mente. Por lo tanto, es importante que prestes atención y aprendas mientras te educas constantemente sobre el narcisismo. Se sensible a la forma en que el narcisista hace las cosas. Cuando estás varado en relaciones poco saludables, lo mejor es perdonarte a ti mismo y seguir adelante.

Respeta los sentimientos que tienes sobre tu madre narcisista: Es natural que todos amemos a nuestros padres e independientemente de lo que sean, siempre nos atendremos a nuestra necesidad de amor incondicional y aprovación de ellos. Sin embargo, es triste darse cuenta de que una madre narcisista nunca te amará incondicionalmente como se espera y, en cambio, sentirás empatía. Es importante tener en cuenta que esto es quién y qué son y que no van a cambiar, y en lugar de guardar rencor y odiarlos, amarlos es la mejor opción. También debes simpatizar con tu madre narcisista incluso cuando te enfrentes a mucha ira o dolor. En otros casos, es común que puedas estar demasiado agotada o cansada como para sentir amor por ella. Sin embargo, nunca debes juzgarte por lo que sientas. Debes respetar cómo se siente y dejar que esta sea una guía del enfoque que elijas para interactuar con tu familia. Si cortar el contacto con ellos se siente como la mejor opción, entonces házlo o trabaja con límites fuertes y expectativas reducidas. A pesar de ser sádica, la madre narcisista todavía puede brindar afecto a sus hijos de alguna manera que incluso puede considerarse útil o enriquecedora.

Amate mas: La evidencia muestra que los hijos criados por madres narcisistas siempre se preguntan si son realmente queridos. Sin embargo, es importante tener en cuenta que, si bien la madre narcisista abusa y te trata mal, no significa que no seas amable. Comienza por tratarte y cuidarte de la manera que esperabas que tu madre debería tratarte. Concéntrate en las cosas que realmente te importan, las cosas que te hacen sentir viva y los momentos que lo hacen sentir auténticamente tú. También es necesario tener en cuenta que, tarde o temprano, aprenderás por tí misma y volverás a ser criada por un terapeuta, lo que realmente puede significar mucho para ti.

Date un capricho para las "pulgas" narcisistas: Ser criada por una madre narcisista significa que aprenderás algunos rasgos narcisistas de ella, también conocidos como pulgas narcisistas. Aquellos que no buscan ayuda médica pueden terminar siendo madres narcisistas. Sin embargo, la buena noticia es que este comportamiento puede superarse con práctica y atención plena. Analízate y determina qué es lo que realmente te hace estallar.

Mira lo que te hace pensar que fuiste criada por una madre narcisista. Considera lo que te lleva a arder de ira y si eres esa persona que busca atención a través de la manipulación o la culpa. Mira cómo reaccionas a las perspectivas y sentimientos de otras personas. Al analizar estos aspectos, podrás aprender si heredaste algunos de los rasgos narcisistas y continuar con ellos. Además, vale la pena señalar que la mejor venganza a una madre narcisista es una vida bien vivida. Enfócate más en la paz y la atención plena sobre tu propia vida en lugar de confiar solo en el pasado. Nunca cambiarás nada sobre cómo te criaron, pero puedes trabajar para controlar cómo actúas ahora y cómo criarás a tus propios hijos

¿Hay algo que puedas hacer para ayudar a la sanación de tu madre narcisista?

Es importante tener en cuenta de que tu madre narcisista nunca cambiará, pero siempre hay algo que puedes hacer. Incluso cuando crezcas, te darás cuenta de que cuando llamas a tu madre para informarle cuán geniales son tú y tus hijos, ella siempre interfiere en el camino diciéndote algo como: "déjame decirte cuán duro y cansador fue mi dia". Como resultado, sentirás que ella ni siquiera te escucha o se preocupa por ti. El narcisismo no es algo que nace de un vacío, sino que se transfiere de generación en generación. Para una mujer con un desorden de personalidad narcisista en toda regla, es muy difícil cambiar. Consideran a los demás responsables de sus comportamientos y no pueden expresar amor o empatía incondicional real.

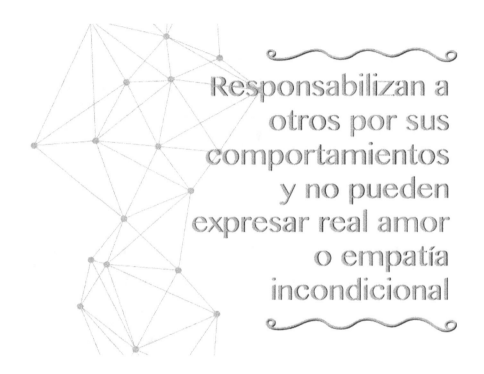

Responsabilizan a otros por sus comportamientos y no pueden expresar real amor o empatía incondicional

Empero, es importante tener en cuenta que algunas víctimas de TPN pueden cambiar, si y sólo si, es su deseo genuino de hacerlo. Todos los narcisistas se preocupan por la riqueza, la apariencia y la fama, todo lo cual apunta a un tema común, un fuerte impulso para sentirse especial. Aunque los hechos muestran que los narcisistas son completamente incapaces de sentir empatía y amor incondicional hacia sus hijos, los narcisistas también pueden cambiar, pero no es tan fácil. Primero deben comprenderse a sí mismos en el nivel emocional más profundo y enfrentar la soledad, la inseguridad y la vergüenza subyacentes que se encuentran en sus extremos más profundos con confianza. En cambio, la parte más difícil para ellos es mostrar empatía dado que esto es algo que estuvo completamente ausente en sus vidas anteriormente. Sin embargo, todos son capaces de cambiar si están dispuestos a hacerlo. Todo lo que las madres narcisistas tienen que hacer es renunciar a su necesidad adictiva y confrontar a los demás de una manera tanto satisfactoria como emocionalmente satisfactoria.

Los siguientes pasos pueden ayudar a la cura de una madre narcisista

Influencia: Antes de llevar a la madre narcisista a la terapia, debe haber una consecuencia significativa. Esto puede implicar el miedo a perder a la madre con el trastorno narcisista, su estado o incluso su trabajo.

Un enfoque terapéutico: El segundo paso sería elegir un enfoque terapéutico efectivo que abarque por debajo del pensamiento intelectual que reescriba críticamente y examine la narrativa emocional de la hija vulnerable bajo la madre narcisista.

Un buen terapeuta: Finalmente, este proceso requerirá un buen terapeuta que no este fácilmente encantado o desencadenado abrumadoramente por el narcisista. Con todo, podría ser difícil de encontrar tal terapeuta, quien establezca límites, desafíe compasivamente y responsabilice a la madre narcisista mientras mantiene a su agente de crianza acostumbrado para la parte susceptible de ellos.

Por otra parte, es importante notar primero si la madre narcisista está dispuesta a cambiar. A veces, puede optar por aferrarse a un estado de negación extrema y ser incapaz de reconocer las irregularidades o fallas que haya cometido. Negará todos los problemas, sin importar cuán pequeños sean, puesto que no tolerarán ningún tipo de culpa, miedo o incluso vergüenza. Como consecuencia, incluso negará que necesitar ayuda, incluso si la necesita.

Capítulo 8

Capítulo 8: Poner fin al legado narcisista

El narcisismo de los padres puede tener daños significativos en el proceso de desarrollo natural de un niño/niña. El impacto posterior es la formación de una diferenciación impedida, una identidad basada en la vergüenza, un vínculo de apego inseguramente ambivalente y una relación fracturada. Después de tal disfunción y fragilidad por parte de una madre narcisista, está claro que la relación entre ella y la hija tendrá una deficiente conexión emocional, un reflejo inadecuado y una crianza deficiente. Esto eventualmente conducirá a una ruptura en el sentido de sí misma de la hija y otras complicaciones interrelacionales en su vida. Este capítulo presentará algunas de las formas efectivas para terminar con el legado narcisista enfatizando en la comprensión madre-hija y la manera en que uno puede mejorar y reconectarse con su sentido de sí misma.

El camino a la recuperación

La relación con las madres narcisistas es siempre abusiva y compleja. Está llena de hipocresía y tortura donde la hija siempre es la víctima. Tanto para la hija como para el terapeuta, un análisis crítico de la profundidad y la naturaleza del comportamiento del narcisismo será crucial para determinar el mejor enfoque de curación. A continuación se presentan algunas de las experiencias entre adultos y niños sometidas a las hijas de madres narcisistas.

Codependencia:

Antes de abordar el tema de la lesión narcisista materna de la hija, es importante hacer hincapié en la experiencia adulto-niño a la que la hija está expuesta cuando aún es joven. Una familia abusiva, disfuncional y menos educada cría a un niño que terminará siendo un adulto codependiente. Algunos de los síntomas asociados con estos adultos co-dependientes incluyen problemas con los niveles correctos de autoestima, el establecimiento de límites funcionales externos e internos, dificultades para poseer y expresar los propios pensamientos, problemas con sentimientos y comportamientos, y problemas para atender la dependencia adulta de uno. Indudablemente, una hija criada por una madre narcisista se sentirá constantemente inadecuada y no podrá distinguirse como apreciada y de valor intrínseco. Difícilmente formará relaciones fuertes porque su madre la sometió a límites dañinos o inexistentes. La hija también se sentirá demasiado vulnerable ya que la madre narcisista siempre reemplazará los límites con paredes que, según ella, son la protección para su hija, pero, esto tiene como objetivo mantener a la hija solo y aislada, lo que obstruye la intimidad..

Identidad basada en la vergüenza:

Cuando un niño madura junto con la distinción basada en la vergüenza, siempre se enfrentará a emociones de vergüenza profundamente arraigadas en que todos los otros impulsos, necesidades y sentimientos están dictados por este sentimiento. Por ejemplo, si se le prohibió expresar su enojo por su infancia, es probable que repudie este sentimiento y asuma que era solo un ser separado. Esto simplemente significa que una vez que se enfrente a la ira como adulta, encontrará dificultades para admitirla y emitirla sin experimentar la desgracia tóxica, y así terminará convirtiéndolas en alfombras y complacientes. Piensan que no merecen estar enojadas. Como consecuencia, la vergüenza se internaliza y la persona se siente completamente "desautorizada", se ve con desdén y constantemente critica y analiza cada minuto de su comportamiento.

Hija adulta de una madre narcisista

Las personalidades basadas en la vergüenza tóxica y los síntomas de codependencia implican numerosos componentes suprayacentes para aquellas niñas que fueron dañadas narcisisticamente por sus madres narcisistas. Es probable que una hija madura criada bajo una madre narcisista se enfrenta a numerosos signos emocionales adversos que incluyen una profunda sensación de inseguridad, menos confianza a pesar de sus logros, autoconciencia y hipersensibilidad. Gastan mucha energía en sus vidas tratando de ser buenas personas o tratando de hacer lo correcto. Su valor se basa en los logros y los niveles de productividad. Creen que esto les hará sentir que valen la pena y les ganará respeto y amor de los demás. Empero, es triste darse cuenta de que estos logros nunca sanan su sensación de insuficiencia debido a la voz interna de su madre que sigue recordándoles que todavía no son nada. El sentimiento es fuerte de una manera que oscurece sus perspectivas de logro con vergüenza y culpa.

Experiencia terapéutica

Habiendo considerado una amplia gama literaria, es evidente que ser criada por una madre narcisista puede causar daños significativos a su hija. Estos daños afectarán la capacidad de la niña para desarrollar el conocimiento de sí misma. Sin embargo, independientemente de la tortura y los abusos infligidos por la madre narcisista, es posible que la hija sane y se recupere a través de la psicoterapia. Esto se puede lograr visitando primero el pasado, lo que ayudará a la hija a comprender y analizar la situación en una situación intelectual y ayudará a su realidad.No obstante, el objetivo principal de la terapia no es atribuir la culpa, sino reconocer lo que siguió y aceptar que el dolor resultante hacia la personalidad e identidad de la hija se minimiza.

Además, la terapia ayudará a la hija a clasificar y digerir los enfoques que están vinculados a esa situación. Esto la ayudará a liberar el trauma ya existente en ella, y el dolor de ser abandonada. Una hija de una madre narcisista seguramente se perderá el amor incondicional, la crianza y una madre emocionalmente disponible que necesitaría para crecer fuerte y valiente en la vida. La terapia alentará a la hija a replantear y cambiar varios comportamientos y percepciones que no son de apoyo y solo fortalecen los mensajes destructivos originalmente recibidos de la madre narcisista. Es normal observar que la hija de una madre narcisista siempre tendrá problemas de comportamiento cognitivos desafiantes, como un estilo de comunicación asertivo, comportamientos de fijación de límites, pensamientos distorsionados basados en la vergüenza y crítica interna. A pesar de ello, las técnicas cognitivas y conductuales efectivas pueden ayudar a la niña a crear una nueva lente en la que percibirá el mundo, la sociedad y otros.

Fases de la terapia

Fase 1: Entendiendo la experiencia

Alguien que haya sido sometido a un abuso narcisista encontraría dificultades para confiar. El primer paso para cualquier consejero es establecer un ambiente terapéutico seguro donde la confianza pueda crecer. En la mayoría de los casos, el enfoque terapéutico se basa en un enfoque humanista, centrado en la persona, que presenta una comunicación de empatía, congruencia y consideración positiva incondicional, además de esto, debe establecer un ambiente acogedor y forjar un vínculo. Como tal, la hija victimizada será capaz de soltar todas sus defensas y enfatizar más en sus secretos ocultos y las aterradoras grietas que experimentó. También, para una hija con lesiones narcisistas, este enfoque ofrecerá la duplicación y la validación necesarias para que una persona descarte su autoimagen delirante y finalmente se conecte con su verdadero yo.

Una vez que se ha establecido la relación de sanación, es fácil detectar los síntomas. Se puede determinar el patrón de la hija con daño narcisista, y tanto el consejero como el cliente llegando a un profundo conocimiento del problema que se está abordando. El consejero revisa la historia familiar e identifica el papel que desempeñó cada miembro para comprender la dinámica familiar mucho mejor. En cambio, el objetivo principal de la terapia sería lograr la aceptación en el lugar de la negación del pasado, y ayudar a la víctima a comprender cómo su vida está modelada por la experiencia y cómo debe identificar y repudiar los sentimientos que proyectó su madre narcisista. Como resultado, podrá dejar atrás el pasado, dejar de culparse a sí misma y, por último, aprender a asumir la responsabilidad de redefinirse a sí mismo para lo inminente. Además de esto, examinar su pasado ayudar al consejero a abordar cualquier sutileza disfuncional presente en la familia. El estudio ha determinado que las hijas con lesiones narcisistas tienen más probabilidades de atraer a las mismas personas.

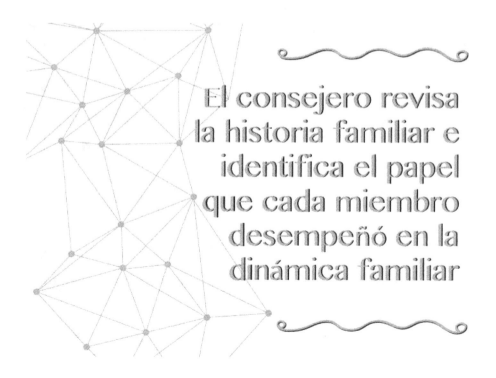

El consejero revisa la historia familiar e identifica el papel que cada miembro desempeñó en la dinámica familiar

Fase 2:Procesando la experiencia

El segundo requerirá que la víctima se vuelva a conectar con los sentimientos asociados con su experiencia de la infancia. Las madres narcisistas constantemente niegan los sentimientos y las necesidades de sus hijas en favor de las suyas, y esto influye en la capacidad de la hija para procesar o expresar sus emociones. La falta de descarga emocional y validación es lo que resulta en el dolor sin resolver por una madre cariñosa que nunca experimentó y el dolor por la pérdida de un hijo que nunca llegaron a ser. Por lo tanto, en esta segunda fase, le ayuda a la hija a reconectarse con estos sentimientos en un ambiente seguro y no vergonzoso. De esta manera, ella procesará el dolor sin resolver y descargará el trauma reprimido del cuerpo.

Para una familia disfuncional dirigida por un narcisista, a la hija se le niega esta presencia interna y la madre narcisista encierra y oculta el verdadero ser de su hija detrás de su personalidad adulta. Empero, el consejero puede involucrar a la víctima en una serie de actividades de dibujo y escritura que le permitirán sentir las emociones de su niño interior y así recuperar esta sensación de asombro. Asimismo, el consejero aún puede usar la desensibilización y el reprocesamiento del movimiento ocular (EMDR) para aliviar la angustia asociada con eventos traumáticos al enfocarse simultáneamente en la memoria, mientras que al mismo tiempo, enfatizar los estímulos externos como el golpeteo manual o el movimiento ocular directo. Esta técnica permite a la víctima procesar información y forja nuevas asociaciones entre su experiencia traumática y recuerdos nuevos y más adaptativos.

Fase 3: Remarcando la experiencia

En este punto, ahora se alienta a la víctima a comprometerse con sus nuevos estilos de comportamiento y nuevas ideas para expandir sus experiencias emocionales y reformular su experiencia futura de manera constructiva. La terapia de esquema y la terapia conductual cognitiva son algunos de los enfoques más efectivos en esta etapa. En ambos enfoques, el consejero tiene la intención de examinar la interpretación individual o la reacción a los eventos externos en lugar de centrarse en los eventos externos en sí. Una hija basada en la vergüenza siempre experimentará muchas distorsiones cognitivas después de sus falsas interpretaciones. Con todo y la ayuda de un terapeuta para atender estas interpretaciones negativas de creencias y pensamientos y rastrear las que fueron proyectadas por la madre narcisista, la hija será capaz de desafiarlas y disputarlas de manera efectiva..

Una hija narcisista herida aún puede deshacerse de los mensajes internalizados proyectados por su madre narcisista y comenzar a trabajar en el proceso de individualización retrasado de separarse psicológicamente de ellos. Asimismo, a los niños con heridas narcisistas les resulta difícil afirmarlos para satisfacer sus necesidades. Esto se debe a que, a lo largo de sus vidas anteriores, estaban acostumbrados a atender las necesidades de otras personas y su capacidad de ponerse de pie y afirmar que "esto es lo que quiero" es una experiencia difícil de alcanzar. Sin embargo, un terapeuta ayudará a la víctima a practicar buenas habilidades de comunicación que la mejorarán para lidiar con su conflicto interpersonal durante todo el ensayo conductual. Además de lo antes mencionado, ayudará a desarrollar la autoestima y la confianza, el asesoramiento también ayudará al niño a eliminar las paredes protectoras y desarrollar límites funcionales. Este es un paso crítico para la persona lesionada narcisista/avergonzada/codependiente.

Recomendaciones

Para la hija

El objetivo principal de la recuperación de una hija narcisistamente herida es reconectarse con su yo perdido y emerger como una persona auténtica y completa nueva. Ya se ha enfatizado cómo se puede lograr esto a través de un enfoque terapéutico, pero hay muchos otros aspectos que deben considerarse además de la terapia para facilitar la recuperación. Por ejemplo, recuperar la autoestima y el autovalor requerirá más que solo terapia, ya que, para que uno pueda ser visto y validado, debe ser el reflejo de otra persona. La hija debe conectarse con otras actividades grupales importantes como una estrategia para contrarrestar la vergüenza tóxica, ofrecer el contexto social requerido para volver a comprometerse con los comentarios de otros, romper los muros metafísicos del aislamiento y experimentar la autoestima. Además de esto, la hija debe identificar e integrar sus creencias, preferencias y valores olvidados, ya que esto la ayudará efectivamente a reconectarse con sus aspectos perdidos de sí misma. Estos elementos juegan un papel vital en su capacidad para experimentar el propósito y el significado. Finalmente, la hija herida narcisista debería involucrarse y leer más sobre los temas de la vergüenza internalizada, la codependencia y el narcisismo, ya que esto ampliará su comprensión cognitiva y facilitará sus grandes momentos de iluminación. Tomados en conjunto, estos elementos ayudarán significativamente a la curación de las hijas narcisistas heridas, haciéndolas sentir más validadas y entendidas.

Para el terapeuta

Los terapeutas que atienden el tema del narcisismo entienden su complejidad, especialmente cuando se trata de una relación madre-hija en la que él/la terapeuta intervendrá. Por lo tanto, deben tener los conocimientos, las habilidades y la capacitación necesarios sobre el tema del narcisismo y sus efectos adversos en los niños. Deben educarse mejor para asegurarse de que el niño con narcisismo lesionado pueda comprender completamente lo que les sucedió en sus vidas anteriores y permitirles someterse a una verdadera curación. No obstante, además del conocimiento básico, deben observar con atención las motivaciones inconscientes que impulsan el comportamiento en sus clientes y en ellos mismos. Por ejemplo, si alguno de ellos, el cliente y el terapeuta, no comprende el poder y la existencia de estos impulsos, entonces el potencial de transferencia y contratransferencia puede dificultar severamente todo el proceso terapéutico. Las hijas con lesiones narcisistas están condicionadas a satisfacer las necesidades de sus madres, y es probable que aún intenten hacer lo mismo con el terapeuta. Si en este caso, el terapeuta no reconoce esto, entonces esto interferirá con sus capacidad de soltar su máscara y comunicarse auténticamente a medida que modifiquen su autoconcepto.

Desde el punto de vista de un terapeuta, la comprensión y la conciencia de las propias motivaciones inconscientes, especialmente de las narcisistas, es fundamental, particularmente cuando uno tiene que cumplir con los estándares éticos. La mayoría de los terapeutas reconocen que las experiencias de trauma y pérdida en la primera infancia facilitaron su interés en seguir una carrera en psicoterapia para satisfacer sus necesidades insatisfechas de atención y relaciones. Igualmente, la mayoría de los terapeutas pueden observar y reaccionar de manera intuitiva frente a la necesidad de los demás porque su propia experiencia infantil priorizó sus deseos maternos sobre los suyos, aunque, los sentimientos de la infancia sublimados y reprimidos pueden interferir con la terapia porque pueden inspirar al terapeuta a satisfacer sus propios deseos no satisfechos a expensas del cliente. Como tal, se alienta a todos los terapeutas a buscar e identificar sus motivaciones inconscientes a través de la supervisión o la terapia personal. La curación de una hija de abuso narcisista se basa en aceptar la verdad sobre el pasado y abrazar el futuro de una manera empática y amorosa. Como terapeuta, debe tener en cuenta que las hijas con lesiones narcisistas todavía piensan que pueden encontrar una madre comprensiva, paciente y empática, estarán a su disposición.

¿Se pueden minimizar los efectos de una madre narcisista?

Las madres con características narcisistas perciben la vida en una versión en blanco y negro, un mundo compuesto por víctimas y victimarios, perdedores y ganadores. Sin embargo, las madres narcisistas detestan ser víctimas o perdedoras y, como tales, imponen esos roles a sus hijos. Son como un globo con un agujero y perderán infinitamente la estima y siempre esperarán que sus hijos lo vuelvan a llenar. Lo peor es darse cuenta de que las madres narcisistas nunca cambiarán los comportamientos, no con facilidad, y si sucede que deciden que cambiarán, entonces debe provenir de la parte más profunda de ellas o simplemente será hipocresía. Nunca aceptarán sentirse avergonzados, humillados o avergonzados y, como resultado, optan por permanecer narcisistas. En lugar de enseñarles a sus hijas cómo enfocarse en sus propias necesidades y sentimientos, las madres narcisistas capacitan a sus hijas para que se enfoquen en las suyas como sus madres. Todo lo que necesitan es la vida de sus hijas para ser sobre ellas, lo que va en contra de la regla de la naturaleza. Nunca admiten que se equivocaron y actúan como sabelotodo para evitar sentirse ignorantes.

Dado que es casi imposible cambiar a una madre narcisista de sus formas narcisistas, entonces la curación debe estar dirigida a la hija narcisista herida.

Poco después de darse cuenta de que fue criada por una narcisista, el siguiente paso no debe ser culpar, odiar o vengarse del narcisista. En cambio, la hija lesionada debe buscar tratamiento terapéutico para recuperarse a sí misma, su autoestima, su confianza, su valor y su valor. De la misma forma, de las intervenciones terapéuticas, también se dará cuenta de que necesita cambiar varios aspectos, reglas o condiciones y ver más allá de su fachada madre narcisista. Los narcisistas son muy inteligentes y siempre fingirán y siempre odiarán sentirse impotentes o avergonzados. Además de esto, una hija narcisista debe identificar distorsiones y dobles raseros dado que siempre que su madre narcisista cometa un error, siempre los enfrentará con culpas. Incluso sienten celos por su propia hija y citarán su carácter superior cada vez que su hija tenga éxito en algo.

Conclusión

Conclusión

Gracias por llegar hasta el final de *Madres narcisistas: Sanando a las hijas víctimas de madres narcisistas a través de una guía sobre cómo reconocer el narcisismo, alejarse de la madre narcisista y comenzar un viaje de autocuración.* Esperamos que sea informativo y capaz de proporcionarte toda la información necesaria que necesitas para lograr tus objetivos, sean cual sean. El hecho de que hayas terminado este libro no significa que no quede nada que aprender sobre el tema. Ampliar tus horizontes ya que es la única forma de encontrar el dominio que buscas.

Es tu exclusiva responsabilidad, internalizar y practicar para obtener los mejores resultados. Es posible que necesites desglosar puntos importantes y priorizarlos para acción de pasos fáciles y coordinados.

Una vez que decidas abordar el problema de frente, debes comprender que la naturaleza del trastorno en sí es una barrera crítica para obtener una terapia profesional adecuada para el trastorno de personalidad narcisista. Las personas afectadas por este trastorno a menudo no quieren o incluso no pueden reconocer la presencia del problema. Un primer paso importante para promover que alguien con TPN se someta a terapia es convencerlos de que el problema debe abordarse. Ten en cuenta que puede ser difícil eludir a alguien con mecanismos de defensa de TPN y convencerle de la necesidad de terapia. Acércate a la situación sin juzgar ni culpar es útil, y reconoce que es probable que la recuperación sea un método largo y continuo. Solo entonces reconocerá que tiene un papel que desempeñar para lograr su potencial completo y distintivo.

Finalmente, si encuentras este libro útil de alguna manera, ¡siempre apreciamos una reseña en Amazon!

Aquí está el segundo libro de la serie "abuso psicológico". ¡Gracias por leer el libro y llegar tan lejos!

Para obtener más información, puedes enviar un correo electrónico a leaheal@gmail.com, ¡y asegúrate de estar atenta para descubrir más sobre la serie de libros de Lea Heal!

CPSIA information can be obtained
at www.ICGtesting.com
Printed in the USA
BVHW051314200323
660780BV00013B/829